Salim Alafenisch · Der Weihrauchhändler

Die Schwalbe

Herausgegeben
von Rafik Schami

Salim Alafenisch

Der Weihrauchhändler

Märchen und Geschichten aus dem Zeltlager der Beduinen

Das Arabische Buch

CIP-Titelaufnahme der Deutschen Bibliothek

Alafenisch, Salim:
Der Weihrauchhändler : Märchen u. Geschichten aus d. Zeltlager d. Beduinen / Salim Alafenisch. - Berlin : Verl. Das Arab. Buch, 1988
(Reihe: die Schwalbe)
ISBN 3-923446-28-4

Alafenisch, Salim:
Der Weihrauchhändler

Knesebeckstr. 16, 1000 Berlin 12

Lektorat: Renate Albrecht
Umschlaggestaltung: Bruno Bakalovic
Druck: Rudolf Walter, Göttingen
Printed in Germany 1988
ISBN 3-923446-28-4

Für meinen Bruder,
Scheich Suleiman,
der tief im Sand der Wüste schläft.

Salim

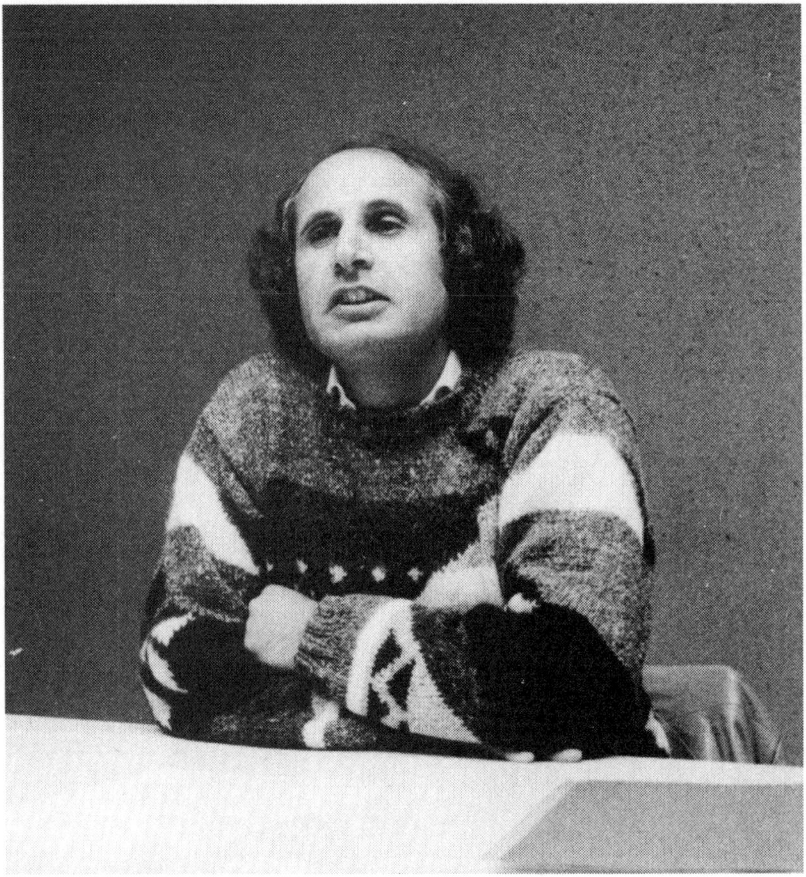

Salim Alafenisch, geboren 1948 in der Negev-Wüste als Sohn eines Beduinenscheichs. Bis zu seiner Einschulung im Alter von vierzehn Jahren Kamelhirte.
Nach dem Abitur in Nazareth (1971) Sprachstudium am Princeton College in London. Anschließend Studium der Soziologie, Ethnologie und Psychologie an der Universität Heidelberg. Wissenschaftliche Publikationen über die Beduinen.
Seit 1984 in der Erwachsenenbildung tätig.
Zahlreiche Lesungen und Rundfunksendungen in der Bundesrepublik und in der Schweiz.

Inhalt

Die Perlen

Eines Abends, als die Sonne am Horizont stand und ihre letzten Strahlen auf unsere Zelte warf, näherten sich unserem Stammeslager sechs Kamelreiter. Sie waren aus unserem Nachbarstamm. Der Scheich und die Männer des Stammes empfingen die Gäste. Sie wurden ins Gästezelt geführt. Die Kamele wurden angepflockt und mit Gerste gefüttert. Feingewobene Teppiche wurden ausgerollt, und der Duft des gewürzten Kaffees breitete sich im Zelt aus.

Nachdem die Gäste den Kaffee getrunken und sich ausgeruht hatten, sprach der Scheich:
„Ich möchte die Gäste bewirten!"
Da riefen alle Männer unseres Stammes: „Die Reihe ist nicht an dir!"
„Ich bin dran mit Bewirten!" rief der eine.
„Nein, ich", entgegnete der andere und fuchtelte mit beiden Armen. Es wurde langsam laut im Gästezelt. Die Männer stritten sich um die Gäste.
Um diesen Streit zu schlichten, einigte man sich auf den Ältesten der Gäste. Er solle die Entscheidung treffen. Es herrschte wieder Ruhe. Einer nach dem andern trug ihm seine Argumente in Versen vor. Jeder versuchte, den andern durch seine Reimkunst zu übertreffen.
Der Alte lauschte aufmerksam, bis der letzte gesprochen hatte. Er nahm einen tiefen Zug aus seiner Pfeife und strich sich über seinen langen, weißen Bart. Alle Blicke waren auf ihn gerichtet. Dann hub er an zu sprechen:
„Der Gast hat bei den Beduinen vierundvierzig Rechte. Und das gesegnetste dieser Rechte ist das, welches dir den Gast bringt."
Da riefen die Männer:
„Die Gäste seien willkommen!"
Der Alte fuhr fort: „Die Männer des Stammes sind Spiegel füreinander. Doch sollen die Gäste dem gehören, der nicht in Not ist."

Der Stammesscheich rief: „Ich bin an der Reihe. Die Gäste seien willkommen."
Zwei Schafe wurden geschlachtet. Die Frauen buken das Fladenbrot. Die Männer kochten das Fleisch in großen Töpfen auf dem Feuer. Als das Mahl zubereitet war, aßen die Gäste und die Männer. Dann verteilte der Gastgeber Essen an jedes Zelt.

Als nach dem reichhaltigen Mahl den Gästen der gewürzte Kaffee gereicht wurde, bat der Gastgeber den alten Musa, die Stammesgäste mit Musik zu unterhalten. Musa war ein hervorragender Rabab-Spieler, der sein Instrument liebte. Er hatte es in tagelanger Arbeit aus der Haut eines vom Wolf gerissenen Eselfüllens kunstvoll gebaut.
Seine Rababa hatte einen besseren Klang als andere Instrumente, die wie üblich aus einem Schaffell angefertigt wurden.

Musa legte sein Instrument neben die brennende Kamelmistglut, um das Fell anzuwärmen. Als die Rababa trocken war, nahm er aus der Tasche seines Gürtels ein Stück Wachs, mit dem er die aus Pferdeschweifhaaren gefertigten Saiten und den Bogen einrieb. Er setzte sich in den Schneidersitz und fing an zu spielen. Männer, Frauen und Kinder lauschten den Tönen der Musik. Mit großer Begeisterung nahmen sie die Gedichte in sich auf. Der Rababspieler sang von den Gästen und von der Großzügigkeit des Gastgebers. So sang und spielte Musa. Und alle lauschten mit großer Freude seinen Worten und den Tönen seiner Rababa. Ab und zu wurde eine Runde Kaffee ausgeschenkt, und der Vollmond warf seine ersten Strahlen in das Männerzelt.

Allmählich bekam Musa Lust, eine Pfeife zu rauchen. Er stellte sein Musikinstrument in die Nähe der Feuerstelle und begann, seine Pfeife mit Tabak zu füllen.
Es herrschte Stille im Zelt. Der Scheich ergriff das Wort:
„Allah möge deine Tage verlängern, Musa! Die Töne deiner

Rababa und die Weisheit deiner Worte wärmen uns das Herz!''

Der Rabab-Spieler nickte. Mit einer kleinen Zange nahm er ein glühendes Kamelmistbällchen aus dem Feuer und setzte es auf seine Pfeife. Dann fing er an, genüßlich an seiner Pfeife zu ziehen.

Der Scheich wandte sich an die Gäste: ,,Musa raucht jetzt seine wohlverdiente Pfeife. Wir sollten ihn mit einer Geschichte unterhalten. Nun, wer soll die Geschichte erzählen? Der Gast oder der Gastgeber?''

Einer der Gäste richtete sich auf und wandte sich mit klarer Stimme an den Scheich: ,,Oh du teurer Freund! Deine Gastfreundschaft ist groß und dein Herz ist warm. Allah möge dir Reichtum geben und deine Ehre schützen. Unsere Vorfahren sagten, der Gast ist ein Dichter. Er beschreibt, was er gesehen und gehört hat. Ich möchte dir, Bruder, und auch deinen Leuten eine Geschichte erzählen.''

Der Gast trank sein Kaffeeschälchen aus und stellte es auf das Tablett zurück. Dann hub er an zu erzählen.

Es war vor vielen, vielen Jahren, als der osmanische Sultan in unserem Lande herrschte und die Beduinen in ihren Stammesgebieten mächtig waren. Sie waren gute Kamel- und Pferdereiter. Mit ihren großen Herden wanderten sie durch die Wüste. Das Reiten und das Wandern gaben unseren Vorfahren Freiheit und Sicherheit.

Eines Tages wurde der Besuch des Paschas angekündigt. Er wollte diese guten Wüstenreiter in seiner Armee haben. Als die Beduinen seinen Wunsch vernahmen, sagten sie zu ihm: ,,Wir wollen dir nicht unsere Söhne als Soldaten geben. Wir brauchen sie für unsere Kamelherden.''

Ein kluger Scheich, der den Pascha nicht beleidigen wollte, ließ sich aus seinem Stamm ein Kamel bringen.

Auf dem Kamel wurde ein Reitkorb befestigt, auf dem zwei Frauen saßen. Diese fachten auf einem Blech Feuer an und begannen, Brot zu backen. Und das Kamel setzte sich lang-

sam in Bewegung. Der Scheich sprach zu dem erstaunten Pascha:
„Oh gnädiger Pascha! Schau dir das an. Das Kamel bewegt sich, und die Frauen backen Fladenbrot auf seinem Rücken. Wir können diese freien Menschen nicht zwingen, in deiner Armee zu dienen, selbst wenn wir das wollten. Und würdest Du es über dein Herz bringen, diese Frauen von ihren Männern zu trennen?"
Der Pascha traute seinen Augen nicht: Das Kamel, von dessen Rücken Rauchwolken emporstiegen, bewegte sich auf ihn zu, daß er vor Angst fast erstarrte.
Auf Geheiß der Frauen setzte sich das Kamel vor dem Pascha nieder. Die Frauen überreichten dem verdutzten Gast frisches Fladenbrot, das dieser erleichtert entgegennahm.
Nachdem er das knusprige Brot genossen hatte, wandte er sich an den Scheich: „Du hast recht. Die Beduinen brauchen keinen Militärdienst zu leisten und auch keine Steuern zu zahlen. Die Fellachen und die Städter reichen dafür aus."
Ein alter Beduine flüsterte dem Scheich ins Ohr: „Die Fellachen und die Städter leben in festen Häusern. Sie sollen für ihre Gemütlichkeit blechen!"
Und so verabschiedete sich der Pascha in gutem Einvernehmen mit den Beduinen. Er bezahlte ihnen sogar Goldmünzen und ließ ihnen Jahr für Jahr Geschenke bringen für den Schutz der Pilgerstraße.

So vergingen die Jahre, und an die Stelle dieses klugen Paschas trat ein anderer. Der neue Pascha war grausam und dumm und voll Haß gegen die Beduinen.
Eines Tages sprach er zu sich: „Diese verdammten Kameltreiber tanzen mir auf der Nase herum. Sie stellen keine Soldaten, sie geben weder Getreide noch zahlen sie Taler. Im Gegenteil, sie bitten den Sultan sogar zur Kasse. Aber bei Allah, ich werde diesen verlausten und halbverhungerten Wüstenfüchsen Mores lehren."
Voll Ärger zog der Pascha an seiner Wasserpfeife, nahm einen Schluck Tee und spielte mit seinem hochgezwirbelten

Schnurrbart. Er überlegte hin und her und strengte sich an wie eine Schildkröte beim Eierlegen.
Plötzlich ließ er den Schlauch seiner Wasserpfeife fallen. Er sprang auf und begann, mit seinen Stiefeln auf den Boden zu stampfen wie ein wildgewordenes Kamel.
„Ich habe die Lösung! Ich habe sie!" schrie der Pascha.
Der Diener erschrak. Eiligst schleppte er die größte Teekanne herbei. Mit zittrigen Händen schenkte er dem wutschnaubenden Pascha eine Tasse nach der andern ein, die dieser gierig schlürfte.
„Diese verfluchten Wüstenfüchse! Ich werde diese Kameltreiber die Sterne am Mittag sehen lassen! Ich habe eine Lösung, mehr als eine Lösung. Ich habe eine List!"
Der Diener war verblüfft. Mit untertänigen Verbeugungen fragte er den Pascha: „Geruht Ihr, gnädiger Pascha, auf Jagd zu gehen?"
„Ja, auf Jagd!"
„Wollt Ihr Füchse oder Wildkamele jagen?"
„Geh mir aus dem Weg, du Nichtsnutz!" schrie der Pascha puterrot vor Zorn. „Ruf mir auf der Stelle die Soldaten. Schnell, schnell!"
Der Diener eilte von dannen. Kurze Zeit später erschienen die Soldaten.
„Die Zeit ist gekommen, um diesen Wüstensöhnen eine Lehre zu erteilen. Wer hat hier mehr zu sagen, diese schmutzigen Beduinen oder der Sultan? Ich werde die Scheichs zu mir einladen. Sie sollen herkommen."

So schickte der Pascha einen Gesandten zu den Beduinenscheichs mit der Botschaft, er werde zu ihren Ehren ein Fest veranstalten.
Als die Scheichs von der Einladung hörten, fühlten sie sich sehr geschmeichelt. In der abendlichen Runde im Scheichzelt sprach man über die bevorstehende Begegnung mit dem neuen Pascha. Einige hofften auf ehrenhafte Geschenke, andere versprachen sich freundschaftliche Beziehungen zum Pascha. Der Oberscheich wollte die Gelegenheit nutzen, mit dem

Pascha über die Pilgerstraße zu verhandeln. Vielleicht konnte der Sultan den Beduinen mehr Goldmünzen bezahlen.
Die Aufregung war groß. Schon Tage vor der Reise waren die Vorbereitungen in vollem Gange. Die besten und kostbarsten Gewänder wurden hervorgeholt. Einige Scheichs ritten sogar in die Stadt und kauften sich teure Stoffe für neue Gewänder. Die schwarzen Haare wurden zu langen Zöpfen geflochten, und die Augen wurden mit schwarzem Kajal geschminkt.
Am Tag der Abreise versammelten sich die Scheichs beim Oberscheich. Sie sprachen über den bevorstehenden Empfang und berieten sich über die Gastgeschenke für den Pascha. Sie einigten sich auf ein edles Kamel und ein mit Juwelen verziertes Schwert.
Nach dem Morgenkaffee setzte sich die Karawane mit dem Oberscheich an der Spitze in Bewegung. Die Scheichs vertrieben sich die Langeweile des Weges durch Erzählen.
Als sie die Hälfte der Strecke zurückgelegt hatten, wandte sich der Oberscheich an die Karawane:
„Die Sonne steht im Herzen des Himmels, und die Glut ist groß. Laßt uns im Schatten dieser Dattelbäume rasten und uns am Quell der Oase erfrischen!"

Am späten Nachmittag erreichte die Karawane den Sitz des Paschas. Ein Offizier empfing die Scheichs und geleitete sie in die Empfangshalle. Dann schloß er das Tor und entfernte sich. Erwartungsvoll begannen die Scheichs, ihre Kopfbedeckung zu richten und an ihren Umhängen und Gewändern zu zupfen, die vom langen Kamelritt Falten bekommen hatten.
Dann hefteten sie ihre Blicke auf das Tor. Es dauerte und dauerte. Die Scheichs waren müde von dem langen Kamelritt. Einige kämpften in der angenehmen Kühle des Raumes gegen den Schlaf. Doch der Pascha ließ auf sich warten.
Der Oberscheich versuchte, die andern zu beruhigen:
„Hier sind die Sitten anders als in der Wüste. Es war ein glutheißer Tag. Vielleicht nimmt der Pascha gerade ein Bad, um sich für den Empfang frisch zu machen. Und nach dem Bad

kommt die Schnurrbartpflege. Sie dauert länger als das Bad!"
Ein Scheich unterbrach ihn: „Der Pascha hätte sich vorher baden sollen. Ausgerechnet jetzt will er sich putzen? Was sind das für merkwürdige Sitten? Die Gäste warten, und der Gastgeber hockt im Bad! Wenn ihr einverstanden seid, werde ich zu ihm gehen und ihm sagen, er solle sich ein bißchen beeilen!"
Der Oberscheich entgegnete ihm: „Bist du von Sinnen? Du bist hier nicht in deinem Stamm. Beruhige Dich, Bruder!"
Langsam stieg die Spannung. Ein Scheich rief fassungslos: „Das Benehmen des Paschas ist unwürdig. Er verletzt das Gastrecht und verstößt gegen die Sitten der Wüste!" Und mit nachdenklicher Stimme fuhr er fort: „Die Sache mit dem Gastgeber kommt mir eigenartig vor. Mir träumte gestern Nacht, daß ein schwarzer Rabe über meinen Stamm flog und krächzte."
Die Scheichs erschraken: „Allah möge uns vor deinem Traum bewahren. Warum hast du uns davon nicht früher erzählt?" riefen sie zornig.
„Ich wollte Euch die Freude an der Gastfreundschaft des Paschas nicht verderben", erwiderte der Scheich. „Wer den Träumen folgt, wird verrückt."

Während die Scheichs über den Traum grübelten und sich darüber immer mehr in die Haare gerieten, öffnete ein Offizier die Tür.
„Der Pascha kommt!" verkündete er mit gestrenger Stimme.
Es herrschte Ruhe im Saal. Gemessenen Schrittes trat der Pascha ein. Er begrüßte die Scheichs, aber er reichte ihnen nicht die Hand. Alle richteten ihre Blicke auf ihn. Er war ein kleiner, dicker Mann, rund wie eine Linse. Man konnte seinen Rücken vor seinem Vorderteil nicht unterscheiden. Sein Schnurrbart war hochgezwirbelt, als ob er mit Honig eingeschmiert worden wäre. Seine Augen funkelten:
„Die Beduinen bezahlen keine Steuern und stellen keine Soldaten. Der Sultan muß euren Stämmen sogar noch Wegzoll für die Pilgerroute entrichten. Ab heute wird alles anders!"

So sprach der Pascha und richtete vorwurfsvoll seinen Blick auf die Scheichs.

Der Oberscheich trat auf den Pascha zu und entgegnete: ,,Wir danken dem gnädigen Pascha für seine Einladung. Es ist eine Ehre für die Scheichs, die Gastfreundschaft des Paschas zu genießen. Der verstorbene Pascha, Allah möge seiner Seele gnädig sein, hat keine Steuern von den Beduinen erhoben und keine Soldaten eingefordert. Die Pilgerroute führt durch unser Stammesgebiet, und für den Schutz der Straße hat uns der Pascha Goldmünzen gegeben.
Wir fordern keine Soldaten von dem Sultan zu unserem Schutz. Unsere Söhne schützen uns. Hat der Sultan keine Söhne, die ihn schützen?
Unser Stammesgebiet ist ungeeignet für Feldbau. Wir züchten Kamele, Pferde, Schafe und Ziegen. Wir kaufen in den Städten und Dörfern, und wir verkaufen dort. Und wir sehen, wie die Steuereintreiber des Sultans die Fellachen prügeln und ihnen die Ernte wegnehmen. Arme Fellachen vergraben sogar das Tierfutter. Und wenn die Soldaten das Stroh finden, fragen sie erstaunt: ,,Stirbt das Stroh, daß ihr es begraben müßt?''
Wir fordern keine Soldaten von dem Sultan, aber wir geben ihm auch keine!''

Der Pascha folgte den Worten des Oberscheichs mit großer Aufmerksamkeit, und als dieser geendet hatte, schüttelte der Pascha seinen Kopf und erwiderte zornig:
,,Halt den Mund. So einfach kommt ihr mir nicht davon.''
Der Oberscheich war wütend und beleidigt:
,,In der Wüste will niemand außer den Beduinen leben. Wir haben ein altes Recht auf dieses Land. Wer will uns dieses Recht streitig machen? Ist der Sultan etwa arm? Was macht er mit der Ernte der Fellachen?
Wir entreißen dem Sand ein mühseliges Leben und ihr wollt auf samtenen Kissen ruhn!''
Der Pascha wurde zornig, und das Blut stieg ihm in die

Adern. Mit warnender Stimme sagte er:
,,Bedenke, mit wem du sprichst! Was der Sultan mit der Ernte der Fellachen macht, ist seine Sache. Diese Wüstenfüchse trauen sich, solche Fragen zu stellen!''
Ein alter Scheich schaltete sich ein, um dem Oberscheich beizustehen: ,,Wüstenfüchse oder nicht. Wir überlassen unsere Söhne nicht dem Sultan, um Kriege zu führen. Wer soll unsere Herden zur Weide führen? Unsere Söhne sind der Schutz unseres Alters. Und selbst wenn der gnädige Sultan höchstpersönlich die Pilgerfahrt machen will, muß er uns Wegzoll bezahlen. Wir sind keine Fellachen, mit denen er umspringen kann wie es ihm beliebt.''
Der Pascha wurde puterrot und begann vor Wut zu zittern.
,,Genug, genug!'' schrie er. ,,Fesselt sie, fesselt diese Wüstenfüchse!''
Eine Schar von Soldaten stürzte in den Saal, und die Scheichs wurden überwältigt.
Ein Scheich rief laut: ,,Ist das die Gastfreundschaft des Paschas?''
Der Pascha wandte sich an die Gefesselten:
,,Ich frage Euch zum letzten Mal. Seid Ihr bereit, Soldaten zu stellen und Steuern zu bezahlen?''
,,Ihr habt unsere Antwort bereits vernommen'', erwiderte der Oberscheich, und die anderen nickten.
Wütend befahl der Pascha seinen Soldaten, die Scheichs hinauszuführen und zu enthaupten. ,,Diese starrköpfigen Kameltreiber, das wird ihnen ein für allemal eine Lehre sein. Jetzt wird es kein Beduine mehr wagen, dem Sultan nicht zu gehorchen'', murmelte der Pascha.
Als der erste Scheich enthauptet wurde, rief der Oberscheich:
,,Ihr Henker des Sultans, ihr werdet der Strafe unserer Stämme nicht entgehen!''

Die Beduinenstämme warteten vergebens auf die Rückkehr ihrer Scheichs.
Als die Schreckensnachricht die Stammeslager erreicht hatte, herrschte Trauer und Wut. Die Nachricht schien unglaub-

lich. Wie konnte der Pascha das heilige Gastrecht mit Füßen treten? Frauen schlugen sich auf das Gesicht, andere rissen sich die Kleider vom Leib und entblößten ihre Brüste.
Sie legten ihre buntbestickten Kleider und ihren Goldschmuck ab und trugen schwarze Trauerkleidung.
Die anstehenden Hochzeits- und Beschneidungsfeste wurden um ein Jahr aufgeschoben. Männer schwuren, ihre Bärte nicht zu rasieren und von den Frauen fernzubleiben, bis die Rache vollzogen wäre.
Der Stammesälteste sprach zu den versammelten Männern: „Laßt uns nicht überstürzt handeln. Die Zeit der Bestrafung wird kommen. Das Blut fault nicht. Nach vierzig Jahren nahm der Beduine Rache und sagte, ich habe mich beeilt."
Der Stammeskadi meldete sich zu Wort:
„Dieser Pascha hat seine Gäste umgebracht, statt sie zu bewirten." Er sprang auf und schwenkte seine Kopfbedeckung: „Wie soll dieser grausame und gottlose Pascha die Stammesehre und die Gastliebe der Beduinen verstehen? Dieser Feigling hätte die Scheichs zum Duell auffordern müssen. Aber diese Städter haben keine Ehre!"
Ein Greis unterbrach den Stammeskadi:
„Wußte dieser Pascha nicht, daß der Gast ein Gefangener seines Gastgebers ist? Man darf den Gefangenen nicht töten. Dieser Rohling verachtet die Sitten der Wüste."

Die erlittene Schmach beschäftigte die Beduinen. Die Männer saßen bis spät in die Nacht im Zelt des Oberscheichs, und während der heiße Kaffee dampfte, berieten sie sich über die Blutrache. Ein Beduine, der seinen Bruder verloren hatte, stand in der Mitte des Zeltes. Das Blut kochte in seinen Adern: „Bei Allah und unseren Stammesahnen, unsere Rache soll den Sultan erschüttern. Der Pascha und seine Soldaten sind ab heute vogelfrei."
Ein anderer Beduine fragte den Stammeskadi: „Ich verstehe die Sache mit dem Sultan nicht. Warum braucht er soviel Getreide und immer mehr Soldaten?"
„Der Sultan braucht viele Männer für seine Kriege. Sie sind

viel größer als unsere Stammeskriege. Seine Kriege kosten mehr Männer und schlucken Tausende und Tausende von Goldmünzen. Deshalb richtet er seinen Blick auf unsere Söhne.
Ich kann diese Fellachen und Städter nicht begreifen. Sie geben nicht nur ihre Söhne, sie bezahlen auch noch mit ihren Steuern deren Tod!'' erwiderte der Stammeskadi.

Die Beduinen schickten ihre Kundschafter in die Stadt.
Auf dem Kamelmarkt erfuhren sie, daß die kommende Pilgerkarawane von einem Pascha begleitet würde.
So einigten sich die Stämme darauf, die Pilgerroute im kommenden Jahr für die Pilgerfahrt zu sperren und die Pilgerkarawane zu überfallen. Ein alter Mann bekräftigte den Entschluß:
,,Wir dürfen uns diesem Pascha nicht beugen. Nächstes Mal verlangt er vielleicht, daß wir unsere Frauen zum Sultansharem schicken!''

Die Monate vergingen, und die Zeit der Pilgerfahrt brach an.
Die Stammeskrieger beschlossen, die Pilgerkarawane am Ausgang einer tiefen Schlucht zu umzingeln.
Man zählte die Tage bis zur Pilgerfahrt. Die Schwerter und Lanzen wurden hervorgeholt und geschliffen.
Die Reitkamele und Reitpferde wurden mit bester Gerste gefüttert. Die Männer übten sich in Kamel- und Pferderennen.

Am Tag vor dem Angriff versammelten sich die Stammeskrieger, während die Frauen sich um die Wegzehrung kümmerten. Sie buken Fladenbrot, bereiteten Ziegenkäse zu und füllten die Wassersäcke.
Der Anführer sprach zu den Männern: ,,Wenn ihr gespeist habt, so legt Euch zur Ruhe. Wenn die Pleiaden in der Nacht hinter den Bergen des Stammesgebietes untergehen, werden wir aufbrechen.''
Vor Anbruch der Morgenröte erreichten die Krieger die Schlucht und erwarteten die Karawane. Als die Sonne über

den Bergen stand, näherte sich die Pilgerkarawane der Schlucht.
Die Karawane war in diesem Jahr größer als sonst, man schätzte sie auf zwanzigtausend. Hunderte von Kamelen, Pferden und Maultieren, beladen mit kostbarsten Stoffen, Gold und Juwelen waren im Gefolge der Pilger. Viele Händler hatten sich dieser Karawane angeschlossen, um an den heiligen Stätten ihre Kostbarkeiten zu verkaufen.

Als die Pilgerkarawane die engste Stelle erreicht hatte, stürmten die Stammeskrieger aus ihren Verstecken. In einem Handstreich wurden die Soldaten des Sultans überwältigt und getötet.
Panik brach aus. Die Pilger ergriffen die Flucht. Schwerbeladene Tiere stürzten übereinander.
Viele Pilger wurden gefangengenommen. Die Beduinen suchten unter den Gefangenen nach dem Pascha, doch sie konnten ihn nicht finden. Einer der Gefangenen sprach:
„Hier sind die Stiefel des Paschas. Er ist in Frauenkleider geschlüpft und barfuß geflohen."
Als der Stammeskadi diese Worte vernahm, sagte er:
„Laßt diesen Städter ruhig durch das Sandmeer irren, er wird Beute der Geier werden", und höhnisch fügte er hinzu:
„Wir greifen keine Memmen an."
Die Beduinen waren stolz auf diesen großen Sieg. Der Anführer stand auf dem Rücken seines Kamels und rief mit lauter Stimme: „Nun haben wir unsere Scheichs gerächt und die Ehre wiederhergestellt. Unsere Scheichs können von nun an in ihren Gräbern ruhig schlafen, ihre Seelen werden Ruhe finden. Dieser Tag wird in die Geschichte unseres Stammes eingehen. Die Niederlage des Paschas ist groß."
Der Stammesdichter stand auf einem Fels und sprach zu den Männern: „Die Trauerzeit ist zu Ende. Wir haben unser Recht durch unsere Schwerter wiederhergestellt. Die Beute ist groß. Wir haben Gold, Stoffe, Juwelen, Säcke voll Reis und Datteln und vieles mehr erbeutet. Ich schlage vor, daß wir am Ort des Sieges für unsere Scheichs ein Ehrenfest feiern. Laßt

uns ein Mahl zubereiten. Dann werden wir die reiche Beute unter uns aufteilen."

Ein Beduine schlug vor: „Laßt uns aus diesen Säcken voll Reis ein Festmahl zubereiten."

Die Beduinen begannen, Kamelmist für das Feuer zu sammeln. Jeder brachte eine Ladung voll in seinem Gewand, bis sich ein Haufen gebildet hatte. Reissäcke wurden angeschleppt.

Der Stammesälteste fragte neugierig: „Wer von Euch kann denn Reis kochen?"

Die Beduinen schauten einander verblüfft an und keiner gab Antwort. Ein Beduine unterbrach die Stille:

„Ich habe nie Reis gekocht und auch nie gegessen. Aber ich habe gehört, daß man den Reis mit Wasser kocht!"

So brachte man einen großen Topf und schüttete Reis hinein. Wasser wurde hinzugegossen, und der Topf wurde auf drei großen Steinen auf der Feuerstelle aufgesetzt.

Während der Reis im Topf kochte, unterhielten sich die Beduinen über den Angriff auf die Pilgerkarawane.

„Die Soldaten des Sultans sind Feiglinge. Habt ihr nicht gesehen, wie die Pilger wie Hasen auseinanderliefen?"

„Für die kommenden Hochzeitsfeste sind wir bestens ausgerüstet mit Stoffen und Gold", sagte ein anderer.

„Und was machen wir mit den Gefangenen?" fragte ein junger Beduine.

„Wenn der Sultan sie wiederhaben will, muß er Lösegeld bezahlen, oder sie bleiben bei uns", erwiderte der Anführer.

Zwischendurch nahmen sie aus dem Topf einen Löffel Reis. Der Reis war hart wie Stein. Sie kochten und kochten, aber der Reis war nicht weich zu kriegen. Und jedes Mal, wenn das Wasser im Topf verdampft war, gossen sie einen weiteren Sack voll Wasser zu. Dann warfen sie neuen Kamelmist in die Glut.

Das Reiskochen dauerte und dauerte. Die Beduinen waren hungrig und wurden allmählich ungeduldig.

Ein alter Beduine fuchtelte mit seinem Stock:
,,Das Reiskochen dauert ewig. Es braucht viel Wasser und Berge von Kamelmist. Wenn wir so weitermachen, sind unsere Wassersäcke leer. Und die Kamele können gar nicht so viel fressen, wie wir Mist brauchen. Mein Magen ist eingefallen. Ich habe seit gestern nichts gegessen. Du, Hassan! Du hast gute Zähne, probier du den Reis!''
Hassan schlug seinen schwarzen Umhang zurück und krempelte die Ärmel seines langen weißen Gewandes hoch. Mit dem Schöpflöffel holte er Reis aus dem Topf. Alle richteten ihre Blicke auf ihn. Er schob eine Hand voll Reis in seinen Mund und fing an zu kauen. Die anderen bewegten ebenfalls ihren Mund, um ihn zu ermutigen. Es knirschte. Hassan spuckte die Reiskörner in weitem Bogen aus und rieb sich die Zähne:
,,Dieser Reis ist härter als meine Zähne! Ich weiß nicht, wie diese verfluchten Städter diese harten Körner kauen.
Haben sie vielleicht Kamelzähne?'' schimpfte Hassan.
,,Wir brauchen mehr Wasser und Kamelmist.''

Ein alter Beduine, der sich auf das Essen freute, sagte:
,,Vielleicht bleibt diese Reissorte immer hart. Ich habe sowieso keine Zähne mehr. Ich werde den Reis hart oder weich schlucken. Kannst du mir einen Schöpflöffel voll geben? Ich kann nicht mehr ausharren. Ich habe Hunger!''
Hassan überreichte dem Alten einen Schöpflöffel voll Reis. Der Alte blies, bis der Reis abgekühlt war und schluckte die Körner. Ein junger Mann, der den Alten beobachtet hatte, bat ihn um den Löffel. Doch der Alte wies ihn barsch zurück:
,,Du hast Zähne. Du kannst warten, bis der Reis weich ist.
Ich habe es eilig!''

Der Alte verabschiedete sich und ritt auf seinem Kamel von dannen. Einige Beduinen fingen an, Fladenbrot zu backen. Der Stammeskadi schlug vor:
,,Wir Beduinen kennen uns mit dem Reiskochen nicht aus. Laßt uns einen der Gefangenen herbeirufen und ihn fragen.''

Ein junger Beduine eilte zu den Gefangenen und brachte einen Fellachen. Der Stammesälteste fragte den Bauern:
„Hast du jemals Reis gekocht?"
„Ja", sagte der Bauer.
„Was ist das für eine Reissorte? Wir kochen ihn seit Stunden, und der Reis ist immer noch hart!"
Der Fellache beugte sich über den Reistopf. Er traute seinen Augen nicht: Der Topf war randvoll gefüllt mit Perlen.
Der Fellache fing lauthals an zu lachen.
„Was gibt es hier zu lachen?" rief der Anführer erbost. Unter den drohenden Blicken verstummte der Fellache. Und um die Beduinen nicht zu beleidigen, sprach er mit bedächtiger Stimme: „Perlen sind teurer als Gold. Man kocht das Gold nicht!"
Ein alter Beduine wies den Fellachen zornig zurecht:
„Du Dummkopf! Wir wissen, daß man das Gold nicht kocht. Wir fragen dich nach dem Reis! Ich glaube, dieser Bauer will sich über uns lustig machen. Bringt ihn zurück zu den Gefangenen und holt einen Städter."

Der junge Beduine packte den Fellachen am Arm und schleifte ihn zurück. Dann rief er:
„Wer von euch ist ein Städter?"
„Ich, ich", riefen die Gefangenen durcheinander.
„Wir brauchen einen, der vom Reiskochen etwas versteht!"
Da meldete sich ein Händler aus Damaskus. Er hatte Hunger und als er das Wort Reis hörte, lief ihm das Wasser im Munde zusammen. Er wurde zur Kochstelle gebracht. Der Händler beugte sich über den Topf. Sein Blick erstarrte: Im Kochtopf brodelten seine kostbaren Perlen.
„Meine Perlen! Meine Perlen!" rief er schreckensbleich.
„Das ist kein Reis, das sind Perlen. Aus Perlen macht man kostbare Ketten! Bei Allah, wäre ich doch in Damaskus geblieben!"

Die Beduinen schauten sich ungläubig an. Langsam begriffen sie, welche Beute sie gemacht hatten.

„Nehmt den Topf vom Feuer! Das Blutgeld unserer Scheichs ist in Perlen bezahlt worden!" rief der Stammesälteste.
Und sie begannen, die Schätze unter sich aufzuteilen.

Währenddessen wandte sich ein Beduine an den Perlenhändler. „Sag mal, du Städter! Ein alter Mann aus meinem Stamm hat einen Schöpflöffel voll Perlen gegessen. Wird ihm etwas zustoßen?" Der Städter verstand die Welt nicht mehr. Er schaute den Beduinen ungläubig an:
„Hat der Alte einen Mahlstein im Maul?"
Der Beduine erwiderte:
„Er hat keine Zähne mehr, er hat die Perlen einfach geschluckt."
Der Perlenhändler schüttelte seinen Kopf:
„Ich glaube nicht, daß dein Freund von den Perlen satt wird."
Als die Beduinen die Worte des Städters hörten, fingen sie an zu lachen und sich über den Alten lustig zu machen:
„Wenn der Alte nur wüßte, was er in seinem Bauch trägt! Morgen wird er sich wundern über die lange Perlenkette ..."

Die Kaffeekanne

Es war Sommer, und die glühende Hitze hatte die letzten grünen Blätter versengt. Die Getreideernte war eingebracht. Das Korn lagerte in großen Haufen auf den Dreschplätzen. Wir Kinder waren müde von der Drescharbeit. Den ganzen Tag hatten wir die Tiere zur Arbeit angetrieben. So warteten wir begierig auf die Abendstunden, die uns Zeit zum Spielen gaben.

Als die Sonne wie ein roter Ball am Horizont stand und der erste Windhauch Kühlung brachte, eilten wir zum Spielen auf den Dreschplatz. Der kleine Ahmed hatte sich zwischen den Ähren versteckt, und die ganze Kinderschar war auf der Suche nach ihm. Plötzlich schlugen die Hunde an, und die ganze Meute rannte über die Ährenhaufen hinweg auf die nahegelegene Schlucht zu. Ahmed erschrak, als ein Hund über seinen Kopf sprang. Verstört tauchte er aus einem Haufen auf, und wir fingen an zu lachen.

Wir folgten den Hunden in die Schlucht und sahen ein buckliges Männlein, umringt von den bellenden Hunden. Wir hatten Mitleid mit dem Alten, der wild fuchtelnd mit seinem Stock um sich schlug, und vertrieben die Hunde mit Steinen.
Wir geleiteten den alten Mann zum Männerzelt. Dort wurde er mit Kaffee empfangen, und später speiste er mit den Männern.
Der Scheich wandte sich an den Buckligen: „Höre, du würdiger Greis! Was treibt dich in diesem Alter auf Wanderschaft? Beinahe hätten dich unsere Hunde angefallen."
Der Bucklige lächelte milde und schüttelte sein greises Haupt: „Mich hat kein Unglück getroffen, wie ihr vielleicht vermutet habt. Ich bin auf meine alten Tage gerne auf Wanderschaft, und mit mir wandern auch meine Geschichten. Sie sind reich an Weisheit und erfreuen das Herz!"

Es wurde erneut Kaffee zubereitet und Kameläpfel ins Feuer

geworfen. Die Feuerflammen erhellten das Zelt, und wir Kinder drängten uns an den Alten und schauten ihn erwartungsvoll an. Der Scheich sprach zu dem Alten: „Deine Anwesenheit bereitet uns große Freude. Du bist in unserem Zeltlager willkommen!"
Der Alte strich seinen langen Bart und erwiderte: „Ich fühle mich wohl unter euch. Ich möchte euch eine Geschichte erzählen, um die Nacht kürzer zu machen", und er blickte auf die Kinderschar. „Diese kleinen Löwen haben mich vor den Hunden gerettet."

Der Alte zog eine Pfeife aus seiner Gewandtasche. Jeder versuchte, sich bequem zu setzen. Hinter der Trennwand hörte man die Frauen flüstern. Der Bucklige stützte seinen Ellenbogen auf das Kopfkissen und fing an zu erzählen: „Die Geschichte, die ich euch erzählen will, habe ich von meinem Vater erzählt bekommen, und der hat sie von seinem Vater gehört. Mein Großvater war ein berühmter Erzähler. Er konnte nächtelang erzählen und seine Zuhörer in Bann schlagen. Noch bevor eine Geschichte beendet war, begann eine andere. Er reihte die Geschichten aneinander gleich Perlen einer Kette."
Der Alte nahm einen Zug aus seiner Pfeife und fing an zu erzählen:

Vor vielen, vielen Jahren begab es sich, daß die Männer eines Stammes beim Morgenkaffee zusammensaßen und plauderten, als die Hebamme die glückliche Nachricht überbrachte: „Oh Abdallah! Deine Frau hat einen Sohn geboren. Er ist so schön wie der Mond in seiner Fülle! Ich habe ihm den Namen Tariq gegeben." Der glückliche Vater stand auf, dankte der Alten und sprach: „Allah möge dir ein langes Leben schenken! Du hast vielen Frauen und Kindern das Leben gerettet. Wenn meine Herde heute abend von der Weide zurückkommt, suchst du dir das beste Schaf aus!"

Die Hebamme war erfreut über das Geschenk und kehrte zu der Wöchnerin zurück. Die Männer gratulierten dem Vater

und einer bemerkte: „Jetzt, wo du einen Sohn hast, nennen wir dich Abu Tariq!"
Der Vater schlachtete ein Schaf für die Wöchnerin, und ein reichhaltiges Mahl wurde für sie bereitet.
Am Abend griff sich die Hebamme ein Schaf aus der Herde, und mit einer glühenden Eisenstange brannte sie ihm das Zeichen ihrer Sippe ein. Der Stamm war glücklich über den Sohn.

Am folgenden Tag, um die gleiche Zeit, kam die Hebamme erneut zum Männerzelt und rief: „Oh Salman! Deine Frau hat eine Tochter geboren. Sie ist so schön wie eine Perle. Ich habe ihr den Namen Wadha gegeben!" Der Vater stand auf, dankte der Hebamme und drückte ihr eine Goldmünze in die Hand. Die Männer gratulierten dem Vater: „Du hast eine Hirtin bekommen."

Kaum hatte sich der Vater zu den Männern gesetzt, sprach Abu Tariq zu ihm: „Mein Sohn ist so schön wie der Vollmond und deine Tochter ist so schön wie eine Perle. Versprichst du sie mir für meinen Sohn?"
„Versprochen! Ihr seid alle Zeugen. Meine Tochter ist Tariq als Frau versprochen."
Tariqs Vater stand auf, setzte sich vor den Scheich, nahm einen Zipfel der Kopfbedeckung des Scheichs und machte einen Knoten. Der Scheich sprach: „Ich bin Zeuge! Allah möge uns Gesundheit geben, damit wir ihre Hochzeit feiern können!"

So vergingen die Jahre. Tariq spielte mit Wadha, und die Kinder wuchsen mit den Jahren wie Palmen in der Oase. Und an den Festtagen brachte Tariq immer ein Geschenk für seine Verlobte. Als beide das Heiratssalter erreicht hatten, kündigte Tariqs Vater die Hochzeit an. Das Hochzeitszelt wurde aufgeschlagen, und der Stamm feierte zwei Monate lang das Fest des versprochenen Paares.
Am Tage veranstalteten die Männer Wettrennen mit ihren

Kamelen, und abends versammelten sie sich und tanzten in kleinen Reihen vor dem Frauenzelt. Vor jeder Männerreihe tanzte eine Frau mit einem Schwert in ihrer Hand.
Als die Hochzeitsnacht näher rückte, wurde ein Kamel zum Frauenzelt gebracht. Die Frauen schmückten das Brautkamel mit bunten Teppichen mit bestickten Fransen und klimpernden Ketten. Ein Brautkorb wurde auf dem Höcker des Kamels befestigt. Und so geleiteten Reiter und Frauen das Brautkamel zum Zelt des Brautvaters, wo die Brautkarawane feierlich empfangen wurde. Nach einem reichhaltigen Mahl begleitete der Vater seine Tochter zum Brautkamel. Die Braut und zwei ihrer Freundinnen setzten sich in den Reitkorb, und das Kamel machte sich auf den Weg zum Brautzelt.

Währenddessen wurde das große, abendliche Festmahl bereitet. Nach dem Mahl wurde der Bräutigam in seinem geschmückten Gewand zum Brautzelt geleitet. Als er das Zelt betrat, feuerte ein Freund aus seinem Gewehr drei Schüsse ab, und die Frauen trällerten. So vergingen die Tage und Nächte der Hochzeit des schönen Paares.

Tariq und Wadha lebten glücklich, und man war sehr gespannt auf ihre Kinder. Schon sprachen die Männer scherzhaft, wenn das Paar eine Tochter bekäme, hätten sie diese gerne für ihren Sohn. Das erste Jahr war verstrichen, und sie hatten immer noch kein Kind bekommen. Langsam machte man sich Sorgen um das Paar. Des öfteren fragten die Männer Tariq, ob seine Frau schwanger wäre. Und auch die Frauen erkundigten sich bei Wadha. Diese suchte eine Hebamme nach der anderen auf. Sie gaben ihr Kräuter und machten Weihrauchzeremonien, doch ohne Erfolg. Auch die Amulette der Derwische halfen nicht. Bald ging der zweite Frühling zu Ende und die Ähren reiften.

Das strahlende Licht in den Gesichtern des jungen Paares verlor allmählich an Glanz. Eines Nachts, als Tariq sich neben seine Frau aufs Lager legte, spürte er, wie schnell ihr

Herz schlug. „Was ist los mit dir?" fragte er besorgt.
„Ich habe alles versucht, ich bin von Hebamme zu Hebamme und von Derwisch zu Derwisch gegangen. Das zweite Jahr seit unserer Hochzeitsnacht geht bald zu Ende." Und die Tränen rollten über ihre Wangen wie Perlen.
Tariq legte seine Hand auf ihre Wange, um sie zu beschwichtigen: „Brich mir nicht das Herz. Ich weiß, daß du schon alles versucht hast. Beruhige dich, meine Geliebte! Ich saß heute im Männerzelt, und die Hebamme kam und brachte die Nachricht, daß die Frau von Ali einen Sohn geboren hat. Ich habe die Blicke gespürt, die die Männer auf mich richteten!" Und er fuhr fort: „Aber ich habe von einem berühmten Derwisch gehört. Viele Leute meinen, er könne helfen. Ich verspreche es dir: Auch wenn er nicht helfen kann, werde ich keine zweite Frau heiraten. Vom ersten Tage unseres Lebens an waren wir einander versprochen, und so wird es bleiben."
Langsam beruhigte sich Wadha, und beide fielen in tiefen Schlummer.

Am nächsten Tag sattelte Tariq sein Kamel, und Wadha bereitete die Wegzehrung vor. Sie setzten sich beide auf das Reittier und machten sich auf den Weg zu dem berühmten Derwisch. Sie ritten und ritten. Kurz vor Sonnenuntergang erreichten sie das Zeltlager des Derwischs.

Der Derwisch empfing Tariq, und die Frauen des Derwischs nahmen Wadha zu sich ins Zelt. Der Derwisch war verzaubert von der Schönheit Tariqs. Auch die Frauen des Derwischs hatten noch nie eine so schöne Frau wie Wadha gesehen. Die Frauen strichen ihr über das seidene Haar und bewunderten ihre großen, schwarzen Augen, die aussahen wie Kameläpfel in der Milchschale.

Nach dem abendlichen Mahl trugen Tariq und Wadha dem Derwisch ihr Anliegen vor. Der Derwisch ließ die Perlen seiner Gebetskette durch die Hand gleiten und sprach: „Ihr seid noch jung und habt noch viele Jahre vor euch! Tag für Tag kommen viele Paare mit dem gleichen Anliegen zu mir. Kin-

der sind wichtig, vor allem, wenn man alt wird." Und der Derwisch blickte Wadha an: „Ich will heute Nacht deine Halskette unter meinen Kopf legen. Morgen, Inschallah, wenn alles gut geht, finde ich einen Weg zur Heilung." Und so überreichte Wadha ihm ihre Halskette, und der Derwisch legte sie unter sein Kopfkissen. Er erzählte ihnen viele Geschichten von Leuten, die bei ihm waren und dann Kinder bekommen hatten.
Als es spät wurde, ging Wadha zu den Derwisch-Frauen, und Tariq legte sich im Zelt des Derwischs zur Ruhe.

Am nächsten Morgen nach dem Morgenkaffee holte der Derwisch die Halskette unter seinem Kopfkissen hervor und fing an, die Perlen zu zählen. Er zählte und murmelte. Der Derwisch war so flink beim Zählen, daß die Kette sich wie ein Wasserrad drehte. Nach einer Weile hielt er die Kette an und schloß seine Augen. Dann hob er seinen Kopf und richtete den Blick auf Wadha und Tariq: „Gestern in der Nacht habe ich geträumt, daß ihr ein Kind bekommen werdet. Ich kann nicht sagen, ob es ein Sohn oder eine Tochter wird.
Du, Wadha, höre! Wenn du deine Tage bekommst und dich nach sieben Tagen gereinigt hast, so empfange deinen Mann. Doch bevor du ihn empfängst, fache ein Feuer an und werfe diese sieben Weihrauchstücke hinein." Er schaute Tariq in die Augen und fuhr fort: „Und du, Tariq, wenn dir der Weihrauchduft in die Nase steigt, lege einen Eid ab! Diesen Eid mußt du erfüllen, sonst wird das Kind ein Unglück treffen!"
Tariq setzte sich vor den Derwisch, umarmte ihn, drückte ihm einen Piaster in die Hand und sagte: „Wir werden tun, wie du uns geraten hast."
Und so verabschiedeten sie sich von dem Derwisch und seinen Frauen und ritten auf ihrem Kamel zum Stamm zurück.

Die Leute im Stamm waren neugierig, und die beiden erzählten mit großer Begeisterung von dem Derwisch und seinen Frauen. Als Wadha ihre Tage bekam, erzählte sie Tariq davon. Und am siebten Tage, als Wadha sich gereinigt hatte, machte sie sich eine hübsche Haartracht, schminkte sich die Augen und zog das feinbestickte Kleid an. Sie sah aus wie in ihrer Hochzeitsnacht. Auch Tariq machte sich fein, schminkte sich die Augen und zog sein Hochzeitsgewand an.

Wadha fachte ein Feuer an und warf die Weihrauchstücke hinein. Langsam verbreitete sich der Weihrauchduft im Zelt. Als die Weihrauchwolken in Tariqs Nase stiegen, hob er seine Arme empor und sprach: „Oh, du Stammesahn! Ich bin dein Schutzbefohlener! Höre meine Bitte! Kümmere dich um deine Nachkommen! Bei deiner Seele schwöre ich: Wenn du mir einen Sohn schenkst, werde ich für seine Beschneidung ein großes Fest machen, von dem man noch viele Jahre erzählen wird. Und wenn du mir eine Tochter schenkst, werde ich für sie ein Hochzeitsfest ausrichten, das man bis über die Stammesgrenzen hinaus rühmen wird!"

Als Tariq seine Worte beendet hatte, rieb er sich das Gesicht mit beiden Händen. Dann schaute er Wadha an. Sie war noch schöner als in ihrer Hochzeitsnacht. Eine Weile betrachteten sie einander schweigend. Dann umarmten sie sich und verbrachten im Duft des Weihrauchs eine zweite Hochzeitsnacht.

Am nächsten Morgen hängte Wadha ihre Halskette an die Zeltstange und drehte jeden Tag eine Perle, um die Tage nach dieser Nacht zählen zu können. Und die Perlen auf der rechten Seite wurden mit der Zeit immer mehr.
Als sie zweiundzwanzig Perlen umgedreht hatte, rief sie Tariq zu sich: „Schau meine Kette an! Und zähle die Perlen auf der rechten Seite!"
Tariq verstand nicht, was das sollte, doch er begann zu zählen: „Es sind zweiundzwanzig Perlen!"
„Seit unserer zweiten Hochzeitsnacht sind zweiundzwanzig Tage verstrichen. Ich habe meine Tage nicht bekommen. Ich bin schwanger!" sagte Wadha mit strahlendem Gesicht und umarmte Tariq stürmisch.

Nun vergingen die Monate wie im Flug.
„Zähle die Eier in der Bratpfanne, aber zähle nicht die Monate einer Schwangeren!" wie das Sprichwort sagt.
Und zu Beginn des Frühlings, während Tariq im Männerzelt saß, kam die Hebamme und rief: „Oh, Tariq! Deine Frau hat einen Sohn zur Welt gebracht. Er ist so schön wie der Mond in seiner vierzehnten Nacht. In meinem ganzen Leben habe ich dergleichen nicht gesehen!"
Tariq stand auf, dankte der Hebamme und sprach: „Du Überbringerin glücklicher Nachricht! Deine Botschaft erfreut mein Herz und segnet mein Leben mit Wadha. Meine Herde ist da. Nimm, was du willst!" Und der Vater stürzte voller Glück ins Zelt, hob das Kind mit beiden Händen empor und dankte dem Stammesahn.

Am Abend nahm Tariq ein Schaf aus der Herde, das keine Verletzungen und Wunden hatte und schlachtete es auf dem Grab des Stammesahn: „Dieses Opfer sei zu deinen Ehren! Das große Beschneidungsfest wird kommen im vierzehnten Frühling. Mein Sohn wird deinen Namen mit Stolz tragen."
Und so herrschte Freude im Zeltlager. Alle waren glücklich darüber, daß das Paar endlich ein Kind bekommen hatte.

So vergingen die Jahre, und man sprach viel über Tariqs Sohn. Er war ein geschickter Kamelreiter und ein guter Jäger. Alle Auge richteten sich auf ihn. Mütter wollten ihn gerne mit ihren Töchtern vermählen. Und auch die hungrigen Bäuche zählten die Tage bis zum Beschneidungsfest.

Als der vierzehnte Frühling kam und die Weide grün wurde, kündigte der Vater das große Beschneidungsfest an. Zwei große Zelte wurden aufgeschlagen, eines für die Frauen, das andere für die Männer. Zwei Monate lang feierte man das Fest. Schafe und Kamele wurden geschlachtet. Die Großzügigkeit von Tariq war so groß, daß er seine ganze Herde opferte.

Am Beschneidungstag wurde der Beschneider geholt und zu

dem Knaben ins Zelt geführt. Man bereitete ein Lager für den Sohn. Als der Alte mit dem Messer nahte, schloß der Knabe seine Augen, und der Beschneider schnitt mit dem scharfen Messer die Vorhaut ab. Dann holte er aus einem Beutel Pulver, streute es auf die Wunde und verband sie. Der glückliche Vater dankte dem alten Mann und drückte ihm eine Münze in die Hand. Der Beschneider sprach zu Tariq: „Sammle getrockneten Schafsmist vom letzten Jahr und mahle ihn so fein wie Mehl. Wechsle jeden Tag die Bandage und streue von diesem Pulver auf die Wunde."
Die Feierlichkeiten gingen zu Ende. Tariqs Dolch war stumpf geworden, und er war verschuldet bis über beide Ohren.

So vergingen die schönen Tage des Festes, und es brachen schlechte Zeiten an. Die Herden des Stammes wurden von einer Krankheit befallen. Die Tiere starben in Massen, und der Stamm verarmte zusehens. Immer öfter wurde Tariq von den Gläubigern aufgesucht, die ihre Münzen wiederhaben wollten. Tariq konnte nicht mehr in Ruhe schlafen.
„Schulden machen ist wie genüßlicher Beischlaf, sie zurückzuzahlen wie eine schwere Geburt."

Eines Nachts, als Tariq wachlag, sprach er zu seiner Frau: „Oh meine teure Frau! Die Männer fragen mich dauernd nach ihren Münzen. Ich kann nicht schlafen, und diese Last liegt auf meinen Schultern!"
Die Frau umarmte ihn und beschwichtigte ihn mit den Versen des Dichters:

Sage dem, der Sorgen trägt,
Daß die Sorgen niemals dauern!
Wie die Freude ja vergeht,
So vergehet auch das Trauern.

Dann fuhr sie fort: „Ich habe keine Brautgabe bekommen, denn wir waren einander früh versprochen. Die Brautgabe wäre uns in diesen harten Zeiten zugute gekommen!"

Aber Tariq nahm seinen Tabaksbeutel und drehte eine Zigarette nach der anderen. Er überlegte und überlegte. Dann sprach er zu seiner Frau: „Ich werde eine kleine Reise machen. Vielleicht finde ich einen Weg, die Schulden zurückzuzahlen."
Dann warf er die Zigarette weg und umarmte Wadha mit beiden Armen. Und so fielen beide in tiefen Schlaf.

Am nächsten Morgen bereitete Wadha für ihn eine Wegzehrung vor und wünschte ihm eine glückliche Reise. Tariq machte sich auf den Weg zu einem reichen Stamm, der große Kamelherden besaß. Er lief abseits der Wege durch Schluchten und Berge. Als die Sonne am fernen Horizont unterging, näherte er sich einem Zeltlager. Tariq versteckte sich zwischen den Felsen und ruhte sich von dem langen Tagesmarsch aus.

Gegen Mitternacht, als alles ruhig war, schlich er sich ins Stammeslager. Er hielt einen Augenblick inne und hob seine Hände: „Ich flehe dich an, oh Stammesahn! In meinem ganzen Leben habe ich noch nie gestohlen. Doch nun bin ich in Not. Steh mir bei!"
Dann kroch Tariq zwischen den Zelten hindurch wie eine Schlange. Er suchte sich von der Kamelherde das beste Kamel aus, band ihm die Beine los, und schlich sich mit dem Kamel von dannen. Als er die Schlucht erreicht hatte, betrachtete Tariq das Kamel: „Bei Allah, du bist das beste Kamel!" flüsterte er. „Dein Fell ist sanft und weiß wie Schnee, und du hast die Beine einer Gazelle. Es schmerzt mich, daß ich dich nicht behalten kann, aber die Not ist groß."

Tariq ritt die ganze Nacht, und vor Anbruch der Morgenröte erreichte er den Kamelmarkt in Gaza. Er besorgte Stroh für sein Tier und ließ sich erschöpft auf einem Stein nieder. Während das Kamel fraß, näherte sich ein dicker Mann, dessen Hals zwischen den Schultern verschwand. Er schaute das Kamel von allen Seiten an und griff ihm in die Rippen: „Dein

Kamel ist mager! Es hat kaum Fleisch'', sagte der Dicke zu Tariq.
Dieser schaute auf: ,,Das ist ein Rennkamel! Es ist so schlank wie eine Gazelle!'' Der Dicke tastete das Kamel noch einmal ab und schüttelte den Kopf: ,,In meiner Metzgerei veranstalten wir doch kein Kamelrennen! Das könnt ihr in der Wüste machen.'' Der Dicke holte Luft: ,,Für dieses Suppenkamel kann ich dir höchstes zehn Goldmünzen geben!''
Der Beduine war wütend: ,,Du bist ein Metzger und verstehst nichts von Kamelen. Ein Metzger wie du sieht nur Fleisch. Für Knochen hat er wenig Sinn. Der Preis meines Kamels ist viel höher als dein Angebot.''

Der Metzger schritt weiter und machte eine Runde über den Markt, dann kam er zurück und bot Tariq zwanzig Goldmünzen. Tariq erwiderte: ,,Dieses Kamel hat eine edle Abstammung. Es soll nicht in die Hände eines Metzgers geraten. Siehst du nicht die Zartheit seines Fells und die Schönheit seiner Gestalt?'' Und so trollte sich der Metzger.

Kurze Zeit später kam ein Kamelhändler aus Ägypten vorbei. Er warf einen Blick auf das edle Kamel und fragte Tariq:
,,Ist das edle Kamel zu verkaufen, du Sohn der Wüste?''
Tariq blickte den Kamelhändler an: ,,Die Not zwingt mich, dieses edle Tier feilzubieten. Seit Jahren hat es in meinem Stamm nicht geregnet.'' Der Händler öffnete das Maul des Kamels und schaute sich die Zähne an. Dann sprach er: ,,Ich biete fünfzig Goldmünzen.''
,,Das ist nicht sein Preis'', erwiderte Tariq. Nach langen Handeln einigten sie sich schließlich auf achtzig Goldmünzen.

Tariq steckte die Taler ein und ging in den Basar. Dort kaufte er feine Stoffe für seine Frau und ein Gewand für seinen Sohn.

Dann machte er sich auf den Rückweg zu seinem Stamm.
,,Hier sind Stoffe aus Damaskus für dich, und das Gewand ist

für den Sohn", sagte Tariq zu seiner Frau, und fuhr fort: „die Geschäfte liefen gut, und wir sind die Schulden los!"

Währenddessen vermißte der bestohlene Stamm sein bestes Rennkamel. Die Männer versammelten sich im Scheichzelt. Der Scheich rief: „Der Dieb muß sich gut auskennen, daß er inmitten der Herde das Rennkamel gefunden hat. Wo sind die Spurensucher? Es ist noch früh am Tag, vielleicht finden wir den Dieb!"
Die Spurensucher folgten der Fährte bis zum Kamelmarkt von Gaza. Aber der Markt war bereits zu Ende. „Das Kamel ist verkauft. Wir sind zu spät gekommen", sagte der alte Spurensucher. Mit leeren Händen kehrten sie zu dem Stamm zurück.
Die Männer berieten sich über den Fall. Der alte Spurensucher sprach: „Der Dieb ist nicht vom Himmel gefallen. Bis jetzt ist mir kein Dieb entkommen. Wir werden seine Spur zurückverfolgen."

Am nächsten Morgen wurden die Spuren des Diebs entdeckt. Die Spurensucher folgten dieser Fährte, die sie in das Zeltlager von Tariq führte. Sie betraten das Männerzelt. Dort wurden sie von den Männern des Stammes empfangen. Als der gewürzte Kaffee gereicht wurde, sprach der alte Spurensucher: „Eure Großzügigkeit ist groß! Aber wir sind keine Gäste. In unserem Stamm wurde das beste Reitkamel gestohlen. Wir folgten der Spur des Kamels bis zum Kamelmarkt von Gaza. Doch der Markt war zu Ende. Die Spuren des Diebes haben uns in euer Zeltlager geführt."
Der Scheich erwiderte: „Trinkt den Kaffee! Ihr werdet euer Recht bekommen."

Die Männer des Stammes blickten sich sprachlos an. Der Stammeskadi brach die Stille: „Spuren können auch täuschen. Unsere Männer gehen zu euch, und ihr kommt zu uns. Vielleicht streifte der Dieb unser Zeltlager auf dem Weg zu euch, um die Spurensucher zu täuschen. Aber Recht ist Recht. Wir sind bereit, zum Kadi zu gehen!"

„Dann nenne uns einen Kamelrichter!" sprach der Spurensucher. „Wir schlagen den bekannten Kamelrichter Barakat vor", erwiderte der Scheich.
„Dann treffen wir uns morgen bei Barakat." Und nachdem sie den Kaffee ausgetrunken hatten, verabschiedeten sich die Spurensucher von den Männern des Stammes.

Die Männer sprachen über den Fall bis spät in die Nacht. Jeder wies die Anschuldigungen von sich. Am nächsten Abend trafen sich die Männer von beiden Stämmen im Zelt des Kamelrichters. Dort wurden sie empfangen. Ein Schaf wurde zu ihren Ehren geschlachtet.
Der Kadi des bestohlenen Stammes wandte sich an den Kamelrichter und sprach: „Oh, du, Kadi Barakat! Vater der Kamele! Man kommt von nah und fern, um deine Gerechtigkeit zu suchen. Das beste Rennkamel unseres Stammes wurde in der Nacht gestohlen. Die Spuren des Diebes führten uns zum Zeltlager des Nachbarstammes. Unser Kamel ist edel. Es hat das letzte Rennen gewonnen und ist mehr wert als vierzig Kamele. Doch noch schwerer wiegt die Verletzung des Zeltrechts. Der Dieb muß unsere unverschleierten Frauen schlafend gesehen haben. Das Zeltrecht kommt ihm teurer zu stehen als alle Kamele zusammen." Und er überreichte dem Kamelrichter sein verziertes Schwert als Pfand.

Der Scheich von Tariqs Stamm wandte sich an den Kamelrichter: „Oh, du gerechter Kamelrichter! Von deinem Rechtssinn spricht man in allen Stämmen. Dies ist ein Nachbarstamm von uns. Wir gehen zu ihnen, und sie kommen zu uns. Der Weg zwischen unseren Lagern ist so dicht belaufen wie eine Ameisenstraße. Spuren können täuschen! Allah möge dir zu einem gerechten Urteil verhelfen!"
Und er fuhr fort: „Und hier ist mein mit Perlen geschmückter Dolch als Pfand."

Der Kadi hatte aufmerksam zugehört und legte Schwert und Dolch vor sich auf den Teppich. Der gastgebende Scheich schaltete sich ein: ,,Die Sache ist nicht groß. Sucht euch ein Kamel aus meiner Herde aus! Ihr seid beide gute Nachbarstämme von uns, und wir möchten, daß kein Streit zwischen euch herrscht.'' Ein alter Mann schlug vor: ,,Man kann den Preis des Kamels festlegen. Der angeklagte Stamm zahlt die Hälfte, und der bestohlene Stamm verzichtet auf die andere Hälfte.''

Aber beide Stämme lehnten die Vorschläge ab. Als alle Schlichtungsversuche gescheitert waren, richtete sich der Kamelrichter auf und wandte sich an den bestohlenen Stamm:
,,Ihr habt den Dieb nicht gesehen, nicht wahr? Ihr seid nur der Fährte gefolgt, die euch ins Zeltlager führte.''
,,Wir haben den Dieb nicht gesehen, aber wir sind seinen Spuren gefolgt.''
Dann wandte der Kamelrichter sich an den angeklagten Stamm: ,,Ist der Dieb unter euch? Habt ihr alle Männer ausgefragt?'' Und sie erwiderten: ,,Wir kennen weder den Dieb, noch das Kamel!''

Der Kamelkadi strich sich den Bart und sprach zu den beiden Stämmen: ,,Mein Urgroßvater war Kamelrichter, und auch mein Vater war Kamelrichter. Sie waren immer bemüht, den Fall ohne Richterspruch zu lösen und folgten dem Sprichwort: 'Eine Versöhnung macht die Kamele gesund!' ,,Männer! Vielleicht war der Dieb in Not?'' Er holte tief Luft und fuhr fort: ,,Aber es ist noch früh am Abend, und wir haben noch genügend Zeit, über die Sache zu reden.''

Der Gastgeber schaltete sich wieder in die Vermittlungsbemühungen ein. Er besprach sich mit beiden Seiten. Er ging mit den Männern aus Tariqs Stamm neben das Zelt. ,,Setzt euch unter meinen Umhang, er wird euch gegen den Wind schützen. Es ist ein großes Vergehen! Der Dieb hätte nicht das beste Rennkamel nehmen dürfen. Würdet ihr den Preis eines Kamels bezahlen, um die Sache beizulegen?''
Die Männer berieten sich und entgegneten dem Scheich:

„Wir haben Nachforschungen angestellt, der Dieb ist nicht unter uns!"

Und der Scheich sprach mit den Männern des bestohlenen Stammes: „Ihr seid seit Generationen Nachbarn. Und es ist nicht sicher, wo der Dieb zu finden ist. Eine Versöhnung erhält die Freundschaft."
Und die Männer entgegneten: „Oh großzügiger Scheich! Der Richterspruch soll entscheiden!"

Der Stammesscheich wandte sich an den Kamelrichter: „Ich habe versucht, eine Lösung herbeizuführen, aber beide Seiten sind unbeugsam wie Eisen. Es liegt nun an dir, den Richterspruch zu fällen."
Alle Augen richteten sich auf den Kamelkadi. Dieser hub an: „Die Kamele sind edel und teuer. Sie geben uns Milch und tragen uns und unsere Zelte auf der Wanderschaft. Sie sind wertvoller als Gold und Silber!"
Der Richter lenkte seinen Blick zu dem beklagten Stamm: „Ein Mann aus eurem Stamm muß am Freitag hinter dem Scheichzelt einen Eid schwören, daß niemand aus eurem Stamm das Kamel gestohlen hat. Wenn ihr euch weigert, wird das gestohlene Kamel mit fünf Kamelen aufgewogen."
„Dein Urteil ist gerecht", sprach der Scheich des bestohlenen Stammes. Und auch die Beklagten stimmten zu: „Einer unserer Männer wird den Eid ablegen!"
Der Kamelkadi sprach: „Dieses Schwert und dieser Dolch sind bei mir gut aufgehoben, bis ihr sie mit einem einjährigen Kamel auslöst."

Nach dem abendlichen Mahl im Scheichzelt verabschiedeten sich die Männer. Man hatte sich darauf geeinigt, am kommenden Freitag den Eid zu schwören.
So kehrten die Männer zu ihren Stämmen zurück. Am nächsten Tag beim Morgenkaffee versammelten sich die Männer von Tariqs Stamm und berieten das Urteil. Tariq setzte sich vor den Scheich und sprach: „Meine Sippe ist die größte des

Stammes. Ich bin bereit, den Eid im Namen unseres Stammes abzulegen."
Männer aus anderen Sippen boten sich an, doch Tariq vertrat seinen Anspruch überzeugend.

Als Tariq zu seiner Frau ging, wandte Wadha sich sorgenvoll an ihren Mann: „Hast du denn nicht mit diesem Kamel die Schulden bezahlt? Und jetzt willst du den Eid schwören? Denke an unseren einzigen Sohn! Wir haben ihn nach großen Anstrengungen bekommen. Dein Eid für das Beschneidungsfest hat geholfen. Aber dein Meineid wird uns schaden!"
Tariq schaute seine Frau an: „Beruhige dich! Ich habe den Eid für das Beschneidungsfest unseres Sohnes mit dem Stammesahn geregelt. Allah hat mit der Sache nichts zu tun. Und der Stammesahn hat nichts zu tun mit dem Eid, den ich am Freitag ablegen werde. Unser Sohn steht unter dem Schutz des Stammesahns."
Wadha hörte Tariqs Worte und überlegte: „Du hast recht. Den Eid für unseren Sohn hast du beim Stammesahn geschworen." Ein Lächeln huschte über ihr Gesicht.
Und Tariq bemerkte: „Ich habe erfüllt, was ich dem Stammesahn versprochen habe, nicht wahr?" Er betrachtete ihr hübsches Gesicht und sprach: „Meine Vorfahren sagten: „Wenn du stiehlst, stiehl ein Kamel und wenn du liebst, liebe den Mond! Ich habe ein Kamel gestohlen, und ich liebe den Mond."

Und so rückte der Tag des Eides näher. In der Nacht vor dem Eid erschien Tariq der Stammesahn mit seinem schneeweißen Bart. „Sei unbesorgt!" sprach er. „Deinem Sohn wird nichts geschehen."

Am Freitagmorgen ritten die Männer aus beiden Stämmen zum Kamelrichter. Dort wurde erneut versucht, eine Lösung herbeizuführen. Doch der bestohlene Stamm bestand auf dem Eid.

Der Gastgeber öffnete die Rückseite des Zeltes. Ein Mann aus dem bestohlenen Stamm trat hinter das Zelt. Er zog seinen Dolch und zeichnete einen Kreis in den Sand. Dann sammelte er Hundekot und Dornen und warf sie in den Kreis. Tariq wurde gebeten, in den Kreis zu treten und den Eid abzulegen.

Tariq erhob sich und stellte sich in die Mitte des Kreises. Er richtete sein Gesicht nach Mekka und sprach: „Ich schwöre bei Allah, bei Allah und bei Allah, daß mein Stamm das Kamel nicht gestohlen hat!"
Tariq trat aus dem Kreis und kehrte in das Zelt zurück. Dort wurde er von allen beglückwünscht. Der Stammesälteste aus Tariqs Stamm sprach zu den Anwesenden: „Jetzt sollt ihr euer Kamel anderswo suchen! Ihr habt euer Recht bekommen."
Und so kehrten die Männer zu ihrem Stamm zurück.

So vergingen die Jahre, und man erzählte die Geschichte von dem gestohlenen Kamel und dem Eid. Tariq war ein alter Mann geworden. Er besaß eine große Kamelherde und hatte eine Schar von Enkeln.
Eines Tages, als Tariq beim Morgenkaffee saß und man die Geschichte von dem Kamel zum besten gab, scherzte ein alter Mann: „Tariq, du hast damals die Schulden so pünktlich bezahlt. Bestimmt hast du das Kamel gestohlen! Kannst du auf diese Kaffeekanne schwören, daß du das Kamel nicht gestohlen hast?"
Tariq betrachtete die Kanne und schüttelte den Kopf: „Nein! Bei dieser Kaffeekanne schwöre ich nicht. Sie steht immer im Feuer für die Gäste."
Der alte Beduine fügte hinzu: „Das Gastrecht ist heilig!"
Die Männer sagten: „Die Sache ist lange her, und der Nachbarstamm lagert viele Tagesritte von hier."
Tariq aber erwiderte: „Ich schwöre nicht bei der Kaffeekanne, aus der meine Vorfahren tranken. Sie ist mir heilig! Ich habe das Kamel gestohlen. Ich war in Not wegen des großen Beschneidungsfestes. Es kam euch allen zugute."
Als die Männer Tariqs Worte vernahmen, lachten sie laut und sagten: „Jetzt kannst du nichts mehr verbergen. Wenn du wieder stiehlst, bringen wir dich zur Kaffeekanne!"

Die geheimnisvolle Höhle

Said war ein guter Ziegenhirte. Er war ein mutiger Junge, und er hatte Freude daran, die Ziegen zur Weide zu führen. Einmal sagte er zu seiner Mutter: „Ich mag Ziegen, aber Kamele nicht." Immer, wenn er die Kamele zur Weide führen sollte, bekam er Kopfschmerzen.

Said kümmerte sich um seine Ziegen. Er suchte gute Weideplätze und durchstreifte mit seiner Ziegenherde das weite Stammesgebiet, um die besten Gräser und Kräuter für seine kleine Herde zu finden. Manchmal suchte er auch weitabgelegene Gegenden im Gebiet des Nachbarstammes auf. Said freute sich, wenn er abends die Ziegen mit prallen Bäuchen und Eutern zu den Zelten zurücktrieb.

Auf dem Weideplatz, wenn die Ziegen genug gefressen hatten, bekamen die Zicklein viel Milch. Sie sprangen ausgelassen hin und her und versuchten sich in Bocksprüngen. Der junge Hirte fühlte eine seltsame Freude beim Anblick der spielenden Zicklein.
Wenn die Ziegen satt waren, legten sie sich in den Schatten der Palme und der Hirte fing an, auf seiner Flöte zu spielen; die sanften Töne wiegten die Ziegen in den Schlaf.
Mit der Zeit wurde Said durch seine Vorliebe für die Ziegen bekannt. Auch die Nachbarstämme vernahmen verwundert die Kunde vom Ziegenhirten, der zauberhaft die Flöte blies. Und seine Ziegen gaben mehr Milch als alle anderen Ziegen des Stammes.

Eines Winters hatte es wenig im Stammesgebiet geregnet. Die Ziegen wie auch die Kamele hatten kaum etwas zu fressen. Said suchte die abgelegensten Winkel auf, um Weideplätze zu finden, doch vergebens. Überall herrschte Dürre.
Die Ziegen von Said wurden immer magerer und magerer und gaben immer spärlicher Milch. Die Zicklein sprangen nicht mehr munter hin und her, sondern trotteten langsam

den alten Ziegen hinterher. Trauer erfüllte das Herz des jungen Hirten, und die Sorge um seine Herde wuchs von Tag zu Tag: „Wenn die Ziegen kein Futter bekommen, dann geben sie auch nicht genug Milch für die Zicklein und für uns. So werden die Zicklein sterben, und die Herde kann sich nicht vermehren. Und du kannst uns auch keinen Ziegenkäse mehr machen", sagte er eines Tages zu seiner Mutter.

Die Dürre nahm kein Ende. Und die Leute im Stamm sahen sorgenvoll auf ihre halbverhungerten Tiere und verfluchten stets die Trockenheit. Doch der junge Hirte war unermüdlich auf der Suche nach Weidegebieten für seine Ziegen.
Eines Tages saß Said und spielte eine traurige Waise auf seiner Flöte. Die Ziegen hüpften über die Steine und kletterten auf die Felsen, als plötzlich ein Stein den Abhang hinunterrollte. Er stieß gegen eine Steinplatte, und vor dem erstaunten Said öffnete sich eine Schlucht. Schon sprangen die hungrigen Ziegen auf die grüne Weide, die sich hinter der Schlucht auftat. Sie fraßen und fraßen, bis sie Kugelbäuche bekamen, und Saids Augen konnten nicht glauben, was sie sahen.
„Oh, welch ein Glück ist mir widerfahren. Der Bauch der Erde öffnet sich und bietet mir seine Schätze dar."
Als Said am Abend mit seiner Herde ins Zeltlager zurückkehrte, schwieg er über seine Entdeckung. Er kehrte Tag für Tag auf diese Zauberweide zurück, und bald wuchsen die Bäuche seiner Ziegen. Die Zicklein hüpften wieder munter vor der Herde her und wurden groß und kräftig.
Eine alte Nachbarin, deren Ziegen abgemagert waren und fast keine Milch mehr gaben, fragte Said eines Abends verwundert: „Braver Junge! Wo weidest du deine Ziegen? Deine Herde ist so wohlgenährt." Der Ziegenhirte lächelte, gab jedoch keine Antwort und führte seine Ziegen zum Zelt.

Saids Name ging von Mund zu Mund wie ein Schmetterling von einer Blume zur anderen. Allenthalben lobte man den tüchtigen Ziegenhirten. Die anderen jungen Hirten hatten es schwer, ihre Eltern überschütteten sie mit Vorwürfen: „Ihr seid Faulenzer! Schaut euch die Ziegen von Said an!"

Die anderen Ziegenhirten sagten zueinander: ,,Dieser Said macht uns das Leben noch schwerer. Wo findet er bloß immer Futter? Von uns spricht niemand. Alle Leute sprechen nur von ihm!''
So führte Said seine Ziegen jeden Morgen zu dem geheimen Weideplatz. Und wenn sie sich satt gefressen hatten, spielte er auf seiner Flöte.

Eines Mittags blies der Hirte seine Flöte, und die Ziegen lagen mit vollgefressenen Bäuchen in dem Schatten der Palme. Da tauchte plötzlich ein Mauleselreiter auf. Dieser fragte zornig: ,,Seit wann weidest du deine Ziegen hier? Wer hat dir den Weideplatz gezeigt?''
Der Hirte antwortete mit ängstlicher Stimme: ,,Ich weide hier seit vielen Tagen. Den Weideplatz haben meine klugen Ziegen entdeckt.'' Der Fremde schüttelte sein Haupt: ,,Der Weideplatz ist mein. Niemand darf hier weiden!''

Als Said die Worte des Reiters vernahm, wurde er traurig, und mit zittrigen Lippen sagte er zu ihm: ,,Zürne nicht! Bei uns herrscht große Dürre, und die Euter meiner Ziegen waren eingefallen. Ich war überglücklich, diese Weide zu entdecken.''
,,Ob deine Ziegen Milch geben oder nicht interessiert mich nicht. Es ist meine Weide!'' erwiderte der Fremde.
Der Ziegenhirte dachte an seine Ziegen und die reiche Milch für das Zelt: ,,Oh Fremder, du bist mein Gast. Ich gebe dir Ziegenmilch zum Trinken. In meinem Lederbeutel ist leckerer Ziegenkäse, und wenn du willst, kann ich dir ein Zicklein geben.''
,,Ich brauche kein Zicklein, keine Milch und keinen Käse'', erwiderte der Fremde barsch. Said blickte enttäuscht zu Boden. Dann faßte er Mut und schaute den Mann an: ,,Soll ich auf meiner Flöte blasen?''
Der Fremde blickte den Jungen an und sagte: ,,Ja, ich mag das Flötenspiel.''
Der Fremde setzte sich neben Said in den Schatten der Palme,

und der Ziegenhirte fing an zu spielen. Der Mann lauschte dem Flötenspiel, und nach einer Weile überwältigte ihn der Schlaf. Er schlief tief, und Said spielte unaufhörlich auf seiner Flöte.
Plötzlich sprang ein Zicklein auf den Bauch des Fremden. Dieser schrak auf. Doch der Hirte beruhigte ihn: „Das Zicklein wollte nur mit dir spielen!"
Der Fremde rieb sich die Augen: „Ich habe eine lange Reise hinter mir, und dein Flötenspiel hat mich in den Schlaf gewiegt."
Der Mann war von der Flötenmusik verzaubert. Er blickte Said an: „Du darfst deine Herde hier weiterweiden wann immer du willst." Der Hirte war hocherfreut und setzte erneut die Flöte an, doch der Fremde winkte ab. „Die Sonne nähert sich dem Horizont. Es reicht für heute. Du hast zauberhaft gespielt." Und der Ziegenhirte legte seine Flöte beiseite. Schweigsam saßen sie beieinander.

Nach geraumer Zeit wandte sich der Mann an den Ziegenhirten: „Hast du hier jemals eine große Schlange gesehen?"
Als der Junge das Wort Schlange hörte, zuckte er zusammen, denn er hatte Angst um sich und seine Ziegen. Aber der Fremde besänftigte ihn: „Die große Schlange kennt mich. Sie wird dir und deinen Ziegen nichts tun!"

Der Fremde zog aus den Satteltaschen seines Maulesels eine Dose. „Kannst du mich mit dieser Salbe einmassieren?" bat er den Ziegenhirten. Said war verwundert, doch in Sorge um den guten Weideplatz, den er um keinen Preis verlieren wollte, antwortete er hastig: „Ja!" Langsam zog der Mann sein Gewand aus und legte sich auf den Boden. Der Ziegenhirte öffnete die Dose und begann, den Mann einzusalben. „Laß keine Stelle aus und sei sie auch nur so groß wie ein Nadelstich!" sagte der Fremde. Und der Hirte tat wie ihm gesagt wurde.
Dann sprach der Fremde: „Sammle Ziegenmist und mach ein kleines Feuer! Nimm aus der Satteltasche des Maulesels Weihrauch und wirf ein Korn nach dem anderen ins Feuer.

Das Feuer und der Weihrauch dürfen nicht ausgehen. Hast du das verstanden?" Der junge Hirte nickte.

Der Ziegenhirte sammelte getrocknete Ziegenperlen und entfachte ein Feuer. Dann warf er Weihrauch in die lodernden Flammen, und bald verströmte der angenehme Duft. Währenddessen lag der Mann bewegungslos auf seinem Rücken. Plötzlich kroch eine große Schlange aus einem Loch. Der Ziegenhirte erschrak. Doch der Fremde flüsterte ihm zu: „Fürchte dich nicht, mein Junge! Die Schlange kommt zu mir. Sie kennt mich, und sie will mich streicheln."

Die große Schlange kroch auf den Mann zu. Sie legte sich auf seinen Körper und beschnupperte ihn von Kopf bis Fuß. Der Ziegenhirte verfolgte jede Bewegung der Schlange mit ängstlichem Blick. Lautlos, wie sie gekommen war, verschwand die große Schlange in ihrem Loch. Der Fremde erhob sich. Im gleichen Augenblick wurde die Öffnung immer größer, und der Hirte erblickte nun den Eingang zu einer dunklen Höhle.
„Vergiß nicht, den Weihrauch ins Feuer zu werfen!" mahnte der Mann und folgte der Schlange in die Höhle.
Der Ziegenhirte warf ein neues Stück Weihrauch ins Feuer, bevor das alte verlosch. Nach geraumer Zeit tauchte der Fremde aus der Höhle auf. Sein Blick strahlte: „Du bist ein braver Junge! Es ist schon gut. Du brauchst keinen Weihrauch mehr ins Feuer zu werfen."

Als das letzte Weihrauchkörnchen verlosch, schloß sich der Eingang zur Höhle. Der Mann zog sein Gewand an, befestigte die Satteltaschen an seinem Maulesel und sagte: „ Im nächsten Jahr, am gleichen Tag, zur gleichen Stunde komme ich wieder. Du darfst hier weiden, solange du willst. Aber hüte dich zu erzählen, was du gesehen hast. Versprichst du mir das?"
„Versprochen!" stammelte der Hirte mit blassem Gesicht. Der Mann verabschiedete sich von dem Ziegenhirten und ritt auf seinem Maulesel von dannen.

Der Ziegenhirte war überglücklich. Die große Schlange hatte ihm nichts getan, und er konnte weiterhin auf dieser geheimnisvollen Weide seine Herde weiden. Said blickte um sich und betrachtete das frische Grün der Weide und die saftigen Kräuter. Schmetterlinge flatterten von Blume zu Blume, und die Bienen summten.
Freudestrahlend nahm er seine Flöte zur Hand und begann zu spielen. Und als er Hunger verspürte, molk er eine Ziege und trank genüßlich die warme Milch.

So ging der Tag zu Ende. Und als die Sonne glutrot und rund wie ein Fladenbrot am Horizont stand, pfiff er seine Ziegen herbei und kehrte mit seiner Herde ins Zeltlager zurück. Der Ziegenhirte hielt sein Versprechen und erzählte niemandem von der wundersamen Schlucht und der geheimnisvollen Höhle. Und die Leute im Stamm wunderten sich immer mehr über den Ziegenhirten. Seine Ziegen wurden immer größer und runder, und wenn er am Abend mit seiner Herde das Zelt seiner Mutter erreichte, reichte der Zug seiner Ziegen bis zum anderen Ende des Zeltlagers.

Immer wieder folgte ein neidischer Hirte Said auf Schritt und Tritt. Er wollte das Geheimnis seines Glückes lüften. Doch er wurde enttäuscht. Denn manchmal verschwand Said plötzlich, als hätte er sich in Luft aufgelöst, und manchmal sah er die Ziegen des glücklichen Hirten die dürren, trockenen Gräser fressen, genau wie seine eigene Herde, und er konnte nicht verstehen, weshalb Saids Ziegen so munter und gesund waren.

So vergingen Tag um Tag, Woche um Woche, Monat um Monat, und der Ziegenhirte erwartete mit großer Neugier den Tag, an dem der Fremde wiederkommen sollte. Während der letzten Tage des Jahres war er unruhig. Immer wieder richtete er seinen Blick in die Ferne.
Genau zur angegebenen Stunde tauchte der Fremde mit seinem Maulesel auf. „Du bist groß geworden, mein Junge!

Auch deine Ziegen haben sich inzwischen vermehrt", begrüßte er lächelnd den Ziegenhirten und strich ihm über das Haar.
Said erwiderte: „Du hast mehr graue Haare im Bart. Und dein Maulesel ist alt und knochig geworden!"
Der Mann sagte: „Du bist wirklich ein tapferer Bursche! Du hast dein Versprechen gehalten! Ich habe für dich Früchte mitgebracht. Hier, nimm und iß!"
Der Junge hatte solch seltsame Früchte noch nie gesehen. Er biß in die Schale und warf die Kerne den jungen Zicklein zu. Als der Mann sich umdrehte, sah er die letzten Kerne im Maul eines Zickleins verschwinden, und er begann zu lachen: „Bei dieser Frucht ißt man den Kern und nicht die Schale!"

Was vor einem Jahr geschehen war, wiederholte sich: Der Mann zog sein Gewand aus, und der Junge rieb ihn mit der Salbe ein. Eilig fachte der Hirte ein Feuer an und warf Weihrauch hinein. Die große Schlange erschien. Doch dieses Mal hatte der Ziegenhirte in der Eile beim Einreiben einen kleinen Zeh vergessen. Die Schlange beroch den nackten Mann. Plötzlich entdeckte sie die Stelle, die nicht gesalbt war. Sie zischte, und blitzschnell biß sie dem Fremden in den kleinen Zeh.
Der Mann krümmte sich vor Schmerz und röchelte: „Geh nicht in die Höhle, geh nicht ..." Er zitterte am ganzen Leib, schrie auf und blieb regungslos liegen. Er war tot. Die Schlange kehrte in ihr Loch zurück. Dieses Mal öffnete sich die Höhle nicht.

Bestürzt über den Tod des Mannes fing der Ziegenhirte an zu weinen. Versonnen blickte er auf den Toten. Er begann zu frösteln. Langsam wurde es dunkel. Erst am späten Abend traf der Ziegenhirte mit seinen Ziegen im Zeltlager ein. Seine Mutter erwartete ihn schon voll Ungeduld: „Ich habe mir Sorgen um dich gemacht. Ist dir etwas zugestoßen?"

Doch Said schwieg und ließ die Suppe unberührt stehen. In

der Nacht, als seine Mutter schlief, suchte Said im Winkel des Zeltes nach der Hacke. Heimlich versteckte er sie unter einem Felsen.

Am nächsten Tag nahm er die Hacke mit auf die Weide. Said wollte den Toten begraben. Doch zu seinem Erschrecken waren der Mann und sein Maulesel verschwunden. Nur die Dose mit der Salbe und der Weihrauch lagen noch unter der Palme. Der Hirte versteckte sie in einem kleinen Erdloch am Fuße der Palme.

Nach diesem Unglück begann der Weideplatz auszutrocknen. Von Tag zu Tag wurde das Grün weniger. Said machte sich Sorgen. Die Ziegen fanden nur noch mit Mühe ein wenig Futter, die Milch floß nur noch spärlich. Dies blieb nicht unbemerkt im Stamm. Die Leute sahen, wie Saids Ziegen abmagerten und sie begannen, ihn zu necken: „Was ist los mit deinen Ziegen, Said? Findest du keine guten Weideplätze mehr?" Aber Said schwieg.

Seit dem Tod des Mannes hatte Said seine Flöte nicht mehr zur Hand genommen. Sie lag unbeachtet unter der Palme. Als die letzten Gräslein verdorrt waren, erinnerte er sich an die versteckte Salbe und den Weihrauch. Er grub sie aus. Dann zog er sein Gewand aus und salbte seinen Körper ein. Er machte Feuer und warf ein großes Stück Weihrauch hinein. Kaum hatte sich die erste Weihrauchsäule gebildet, näherte sich die große Schlange. Der junge Hirte zitterte am ganzen Leib. Kalt und glatt glitt sie über seinen Körper. Sie beschnupperte ihn, dann verließ sie ihn und kehrte in ihr Loch zurück. Und langsam öffnete sich die Höhle. Der Hirte war neugierig, doch die warnenden Worte des Fremden klangen in seinen Ohren. Er zögerte. Der Weihrauch im Feuer erlosch, und die Höhle schloß sich.
In dieser Nacht träumte der Ziegenhirte von der großen Schlange. Sie hatte ein wunderschönes Gesicht. „Hilf mir aus meiner Not", sprach sie, „du wirst es nicht bereuen!"

Am nächsten Morgen fand der Hirte zu seinem Erstaunen den Weideplatz in der Schlucht ganz grün. Die Ziegen fraßen sich satt. Und Said war glücklich.
Nacht für Nacht erschien ihm die Schlange im Traum, und seine Neugier wuchs. Am siebten Tag nahm er seinen kleinen Bruder mit auf die Weide. Said erzählte ihm die Geschichte von Anfang bis Ende und sagte: „Ich will die Schlange rufen. Du brauchst keine Angst zu haben, nur denk daran, Weihrauch ins Feuer zu werfen."

Der Hirte rieb sich mit dem letzten Rest Salbe ein, der ihm verblieben war, die Schlange erschien, und der Höhleneingang öffnete sich. Said folgte der Schlange. Und der kleine Bruder warf Weihrauch ins Feuer.
Als der Weihrauch bis auf das letzte Stück aufgebraucht war, und der Hirte noch immer nicht aus der geheimnisvollen Höhle herausgekommen war, stürzte der kleine Bruder zum Höhleneingang. „Said! Said!" rief er so laut er konnte. „Der Weihrauch ist bald aufgebraucht!"
Doch nichts regte sich. Als das letzte Körnchen Weihrauch verglomm, schloß sich die Höhle.

Heulend und schreiend rannte der kleine Bruder zum Zeltlager. Er erzählte seiner Mutter und den Männern im Scheichzelt, was er gehört und gesehen hatte.
Die Nachricht verbreitete sich im Stamm wie ein Lauffeuer. Die Reiter des Stammes packten den kleinen Jungen und ritten zu der Stelle, die er ihnen wies.
„Wo ist dein Bruder verschwunden?"
„Nicht weit von dieser Feuerstelle", schluchzte der Kleine.
Man brachte Schaufeln und Hacken und begann zu graben. Sie wendeten das Gesicht der Erde, doch von Said war keine Spur zu finden. Auch der Derwisch konnte nichts ausrichten.
Doch am Feuer des Zeltlagers erzählt man sich bis auf den heutigen Tag die Geschichte von der geheimnisvollen Höhle.

Die verschwundene Braut

Zaid war ein tüchtiger und tapferer Kamelhirte. Schlauheit und Erfahrung hatten ihn zum bekanntesten Hirten seines Stammes gemacht. Zaid war jedoch ein schüchterner Junge. Die jungen Männer machten sich bisweilen über ihn lustig, weil er keine Augen für die Mädchen hatte und sich nur um seine Kamele kümmerte.

Eines Tages, während seine Herde weidete und die Kamele das grüne Gras zwischen ihren Zähnen zermahlten, nahm Zaid seinen großen Umhang und breitete ihn über drei Stöcke. Dann legte er sich auf seinen Rücken in den Schatten des kleinen Zeltes, warf seine Blicke in die Ferne und dachte nach.

Während er so in Gedanken versunken war, erschrak die Herde. Die jungen Kamele rannten ängstlich hin und her. Ein junges Kamel stürzte auf Zaids Zelt zu, und bevor er sich erheben konnte, stieß das junge, verängstigte Kamel das Zelt um, und Zaid lag unter dem dunklen Umhang. Mit einem Satz sprang er auf und ergriff seinen Stock. Doch anstelle von Kamelräubern erblickte er ein brünstiges Kamel, das gerade eine Kamelstute zum Aufsetzen zwang. Das fremde Kamel hatte Schaum vor dem Mund und brüllte aus Leibeskräften. Der Hirte eilte zu seiner Kamelstute. Mit kräftigen Hieben schlug er auf das brünstige Kamel ein, doch dieses ließ sich nicht durch Schläge vertreiben. „Bald erstickt meine Kamelstute! Dieses brünstige Kamel ist schwer wie ein Elefant."

Während Zaid weiter auf das fremde Kamel einschlug, hörte er eine Stimme: „He, du, schlag mein Kamel nicht! Du Verfluchter! Du sollst aufhören zu schlagen! Aufhören!"

Der Hirte drehte sich um und erblickte eine Hirtin, die wie eine Gazelle auf ihn zueilte.

Das Mädchen ergriff einen Stock und blickte ihn zornig an: „Sei bloß nicht grob zu meinem Kamel! Du sollst ihm frisches Gras geben, anstatt es zu schlagen! Deine Kamelstute wird im

nächsten Jahr ein kleines Kamel werfen. Ein undankbarer Schurke bist du! Schau mal, wie deine Kamelstute sich brav hinsetzt! Es gefällt ihr! Sie mag mein Kamel."
Zaid hörte sich diese Worte verwundert an. „So eine freche Hirtin ist mir noch nie begegnet. Wer weiß, ob dein Kamel edel ist?"
„Du Unverschämter! Mein Kamel ist edel. Seine Abstammung ist sehr bekannt. Man kann in seinem Stammbaum fünf Generationen zählen!"

Während Zaid und das Mädchen sich in den Haaren lagen, stieg das brünstige Kamel ab und fing an, Gras zu fressen.
„Bist du jetzt zufrieden? Schau mal, deiner Kamelstute ist nichts passiert!" sagte das Mädchen. Zaid errötete. Er wandte sich ab und begann, sein kleines Zelt wieder aufzuschlagen. Dann nahm er ein Gefäß und molk eine Kamelstute.
„Ich warte ein Weilchen, bis mein Kamel dieses Grasbüschel gefressen hat. Dann nehme ich es und reite fort", sprach die Kamelhirtin und schaute Zaid zu.
„Du kannst dich bis dahin in den Schatten meines Zeltes setzen und etwas Milch trinken", erwiderte Zaid.

Die Hirtin setzte sich neben Zaid in das kleine Zelt.
„Wie heißt du?" fragte sie ihn.
„Ich heiße Zaid. Und wie heißt du?"
„Ich heiße Laila."
„Sei mein Gast!" sagte der Kamelhirte.
„Ja, ja! Nachdem du mein Kamel geprügelt und mich beleidigt hast ..." erwiderte Laila.
„Dich beleidigt? Wieso?"
„Du sagtest, daß mein Kamel nicht edel sei!"
Zaid fing an zu lachen: „Dein Kamel hat bereits die Gastfreundschaft meiner Kamele genossen. Siehst du nicht, wie es das Gras mäht, als ob es ein Rasiermesser im Maul hätte? Wir sollten uns versöhnen. Hier ist die Milchschale und da ist das Fladenbrot."

Laila legte ihren Schleier beiseite. Mit beiden Händen nahm sie die Milchschale und führte sie an den Mund. Der Kamelhirte warf einen scheuen Blick auf ihr Gesicht. Dann senkte er seine Augen zu Boden. Lailas Anblick hatte ihn verzaubert. Ihr vollmondgleiches Gesicht, ihre feurigen Augen nahmen ihn gefangen. Erneut hob er seinen Blick.
„Du sollst mich nicht so anschauen! Trink lieber deine Milch!" sagte Laila und lächelte.

Nach einer guten Weile bemerkte Laila: „Du hast es gut hier, Zaid! Deine Weide ist grün, und deine Kamele geben viel Milch. Ich bin den ganzen Tag auf der Wanderschaft, um Gras für meine Herde ausfindig zu machen. Kann ich nicht morgen meine Tiere hier weiden? Ich kann für dich einen feinen Tabaksbeutel sticken." „Ja, aber du mußt auf das verfluchte Kamel aufpassen!"
„Bist du immer noch böse? Es mag deine Kamele. Es wird sich freuen, wenn es morgen hier weiden darf!"

Langsam stieg die Hirtin auf den Rücken ihres Kamels. Mit beiden Händen hielt sie sich an den Höckerhaaren fest. Als das Kamel sich langsam erhob, fragte Zaid: „Ich habe vergessen, dich zu fragen, aus welchem Stamm du kommst." Laila lachte: „Soll ich dir sagen, woher du kommst?"
Zaid war verblüfft.
„Schau mein Kamelzeichen an! Dann siehst du, aus welchem Stamm ich komme. Ich habe dein Kamelzeichen schon gesehen", sagte Laila und trieb ihr Kamel an.
„Bis morgen, Laila!"
„Bis morgen, Zaid!"
Und die Kamelhirtin ritt auf ihrem Kamel weg. Zaid blieb regungslos stehen und folgte mit seinen Blicken der Hirtin, bis sie am Horizont verschwand.

Der Kamelhirte sagte zu sich: „Laila ist ein kluges und hübsches Mädchen. Hier gibt es viel Gras. Die Kamele können zusammen weiden, und ich kann mir die Langeweile mit ihr vertreiben."

Auch Laila dachte auf ihrem Kamelritt an Zaid: „Er ist ein lieber und braver Bursche", sagte sie zu sich, „nur ein bißchen schüchtern."

Am Abend kehrte Laila zu ihrem Zeltlager zurück. Sie erzählte ihrer Mutter, sie habe eine gute Weidestelle entdeckt und werde morgen ihre Herde hinführen.
Zaid fand in dieser Nacht keinen Schlaf. Die Begegnung mit Laila beschäftigte ihn. Ob sie morgen wiederkommen würde? Oder hatte er sie beleidigt? Mit Mädchen kannte er sich nicht aus. Doch dann beruhigte er sich: „Sie ist eine tüchtige Kamelhirtin. Die reiche Weide lockt sie bestimmt, und ihr Kamel mag meine Herde."

Am nächsten Morgen, noch bevor der Mond untergegangen war, stand er auf. „Beeile dich!" mahnte er seine Schwester, die die Herde molk. „Die Kamele müssen zur Weide kommen!"
Nach einer Weile trieb er seine Herde eilig durch die Schlucht. Er ließ die Kamele weiden und stieg auf den höchsten Hügel, um Ausschau zu halten. Zaid wartete und wartete. Aber weder Laila noch ihre Kamele waren zu sehen. Er wurde traurig. Zaid ließ seinen Kopf hängen. Langsam trottete er zu seiner Herde zurück und sank, im Schatten seines Zeltes, in tiefen Schlaf.

Währenddessen erschien Laila mit ihrer Herde. Sie setzte sich neben Zaid, packte ihr Stickzeug aus und fing an, den versprochenen Tabaksbeutel zu sticken. Sie stickte und stickte, und er schnarchte und schnarchte.
„Der arme Kerl hat die ganze Nacht kein Auge zugemacht", sagte sie zu sich.

Als die Hitze größer wurde und das Sticken sie allmählich langweilte, nahm Laila einen Grashalm und kitzelte den Schläfer an der Nase.
„Ha...Ha...Hatschi!" Zaid wachte auf und rieb sich die Au-

gen. Scherzhaft sagte Laila zu ihm: „Du schnarchst wie ein altes Kamel! Wie können die Leute in eurem Zelt bei diesem Lärm schlafen?"
„Ich war müde", entschuldigte sich Zaid.
„Ich habe dich schon von weitem schnarchen gehört. Ich bin schon eine geraume Zeit hier. Bald habe ich die Hälfte des Beutels für dich bestickt."
„Laß uns frühstücken!" schlug Zaid vor.
Laila sammelte Kamelmist und machte Feuer. Dann bereitete sie den Teig vor. Sie formte Fladen, legte sie in die Glut und bedeckte sie mit heißer Asche. Währenddessen molk Zaid eine Kamelstute und brachte eine Schale Milch zum Zelt.Er setzte sich neben Laila. Der Duft des frischgebackenen Brots stieg ihm in die Nase. Sie zog die Fladen aus der Glut, klopfte sie aus und legte sie zum Auskühlen auf einen Stein. Laila unterbrach die Stille: „Du hättest sehen sollen, wie schnell das brünstige Kamel lief, als deine Herde in Sicht war."
Zaid fragte Laila: „Du hattest einen langen Weg. Vielleicht bist du müde?"
„Nein! Die Kamele sind ausdauernd, und mit der Zeit eignen sich die Hirten diese Eigenschaft an. Ich trage die Kamele nicht, sie tragen mich", erwiderte Laila.
„Du bist sehr flink beim Brotbacken!"
„Das habe ich früh gelernt. Meine Mutter ist beim Brotbacken sehr geschickt. Ihr Fladenbrot hat keine Löcher. Aber du bist auch nicht langsam beim Kamelmelken!"

Laila teilte das Brot und gab Zaid ein Stück. Er brach das Brot, nahm einen Schluck Milch und reichte ihr die Schale. Sie trank und gab ihm die Schale zurück. So pendelte die Milchschale zwischen ihnen.
Der Kamelhirte bemerkte, daß Laila die Milchschale immer drehte und an der Stelle trank, an der er getrunken hatte. Er versuchte bei jedem Schluck, die Stelle zu wechseln, doch Laila folgte ihm. Als er die Runde beendet hatte, nahm er das Gefäß hoch und goß die Milch in seinen Schlund. Das brünstige Kamel brüllte. Zaid zuckte zusammen, und die Milch

lief in die Halsöffnung seines Gewandes bis zum Schoß. Laila fing an laut zu lachen. „Du hättest doch weiter aus der Schale trinken können. Jetzt hast du ein Milchbad genommen!"
Zaid errötete: „Dieses verfluchte, brünstige Kamel!"
Er erhob sich und schüttelte sein Gewand.

So verbrachten Zaid und Laila den Tag zusammen. Sie erzählten einander viele Geschichten. Laila erzählte von ihrem Stamm und er von dem seinen. Als der Tag sich langsam dem Ende zuneigte, führte jeder seine Herde ins Stammeslager zurück.
Lailas Mutter war glücklich, denn die Kamelstuten hatten pralle Euter. „Meine liebe Tochter, dein neuer Weideplatz ist gut. Die Kamele geben heute mehr Milch als sonst."

So weideten Zaid und Laila jeden Tag ihre Herden zusammen. Eines Tages, als Zaid neben Laila am Brunnen stand, um die Kamelherden zu tränken, bemerkte Laila: „Wasserschöpfen aus dem Brunnen ist eine harte Arbeit. Die Kamele trinken viel Wasser." „Du brauchst kein Wasser zu schöpfen. Ich tränke deine Kamele", erwiderte Zaid.
„Dann habe ich nichts zu tun." Sie stellte ihren Fuß auf den seinen. „So kann ich dich festhalten, damit die durstigen Kamele dich nicht in den Brunnen werfen." Und sie lachte.

Als sie die Kamele zur Weide zurücktrieben, bemerkte Laila: „Du bist ein kräftiger Kerl. Ich war nicht sicher, ob du die Herden alleine tränken kannst."
„Du hast mir dabei geholfen. Ohne deinen Fuß hätten die Kamele mich in den Brunnen geworfen, nicht wahr?" lächelte Zaid und fuhr fort: „Jetzt sind wir vom Wasserschöpfen müde. Laß uns im Schatten des Zeltes ein Mittagsschläfchen halten!"
„Du sollst aber nicht laut schnarchen! Sonst hole ich den Kamelmaulkorb!" sagte Laila.
Beide legten sich in das kleine Zelt. „Heute ist es glutheiß. Und es ist eng hier. Kann ich meinen Gewandgürtel öffnen?" fragte Zaid.

„Das wollte ich dir gerade vorschlagen. Ich kann meinen Schleier auch nicht mehr ertragen."
So nahm ihr Zaid mit der rechten Hand den Schleier ab und legte ihn beiseite, und sie half ihm, seinen Gürtel zu öffnen.
Zaid fing an, ihre langen, schwarzen Haarzöpfe zu bewundern. „Ich wasche sie mit Kamelurin, deswegen glänzen sie so. Und du hast eine sanfte Haut!"
„Das kommt vom Milchbad", scherzte er.
Sie streichelten einander und drückten einander an die Brust.
So verbrachten sie die Zeit. Als sie sich am Abend verabschiedete, fragte Laila: „Bist du immer noch böse auf das brünstige Kamel?" Und sie fuhr fort: „Du bist auch nicht schlecht. So schüchtern wie ich dachte, bist du nicht." Laila kitzelte ihn an der Nase.
Der Kamelhirte lachte: „Langsam verstehe ich das brünstige Kamel. Ich bin ihm nicht mehr böse. Kamele sind wunderbare Tiere."

So verging der Frühling. Zaid war verliebt in Laila, und Laila war verliebt in Zaid. Tag für Tag trafen sie sich auf der Weide und ruhten in ihrem Zelt, wenn die Mittagshitze groß war.

Eines Tages kam Laila mit trauriger Miene zur Weide. Die Tränen rollten wie Perlen über ihre Wangen.
„Was hast du? Ist dir etwas Schlimmes zugestoßen, mein Augenlicht?" fragte Zaid mit verwirrter Stimme. Aber sie weinte und weinte. Laila legte ihre beiden Arme um Zaid und drückte ihn ganz fest an sich.
„Beruhige dich doch, mein Augapfel!"
Laila und Zaid ließen sich nieder. Langsam hob Laila ihren Kopf und schaute ihn nachdenklich an. Ihre Augen waren vom Weinen rot geworden.
„Ich habe eine schlimme Nachricht für uns", schluchzte sie.
Zaid wurde ungeduldig.
„Spann' mich nicht auf die Folter", rief er.
Laila versuchte sich zu sammeln. Mit leiser Stimme fing sie an zu sprechen: „Gestern abend kamen mein Onkel und an-

dere Männer zu meinem Vater. Er hat für seinen Sohn um meine Hand angehalten. Mein Vater gab sein Einverständnis. Dann sprachen sie Koranverse, und so bin ich nun verlobt."
Zaid schüttelte den Kopf und warf sein Kopftuch zu Boden. Mit wütender Stimme sprach er: „An alles haben wir gedacht, nur nicht daran, daß die Kamele im Sommer ausrutschen! Er ist doch dein Vetter. Er hat das Vorrecht, dich zu heiraten. Wir hätten uns schon vorher etwas einfallen lassen müssen."
„Ich weiß nicht, was ich jetzt machen soll. Vielleicht hätte ich meiner Mutter von dir erzählen sollen. Sie hätte mir helfen können. Jetzt ist alles zu spät."
So saßen Zaid und Laila beieinander und begannen, sich an die schönen Tage zu erinnern. An den Tag, an dem ihr Kamel zu seiner Herde stieß, an den Brunnen und an das kleine Zelt. Dann herrschte Schweigen. Laila unterbrach die Stille mit den Worten: „Wenn du mich wirklich liebst, dann mußt du dieses Unheil verhindern!"
„Was kann ich jetzt machen? Er ist dein Vetter. Denkst du, daß dein Vater seinen Neffen meinetwegen zurückweist?"
Sie wälzten die Gedanken hin und her. Zaid und Laila vergaßen sogar, ihre Herden zu tränken. Der Gedanke an die drohende Trennung beschäftigte sie. Und eine Lösung schien nicht in Sicht.

Eines Morgens, als Laila gerade mit ihrer Kamelherde aufbrechen wollte, rief ihr Vater sie zu sich: „Laila, meine Tochter! Du hast seit vielen Jahren die Kamelherde zur Weide geführt. Unsere Kamele geben mehr Milch als die anderen Kamele im Stamm. Jetzt denken wir an dich. Du bist jetzt mit deinem Vetter, deinem Beschützer verlobt. Unsere Kamele werden ab heute mit der Herde meines Bruders zusammenweiden. Eine tüchtige Kamelhirtin warst du! Nun sollst du dich auf deine Hochzeitsnacht freuen!"
So sprach ihr Vater und strich Laila mit seiner rechten Hand über den Nacken.
Laila war wie vom Blitz getroffen. Niedergeschlagen kehrte

sie zum Zelt zurück. Sie dachte an ihren Liebhaber, der auf sie wartete. Wer sollte ihm erzählen, daß sie nicht mehr zur Weide kommen konnte? Sie konnte sich nicht mehr auf den Beinen halten. Laila klammerte sich an eine Zeltstange und schluchzte. Die Mutter eilte herbei.
„Oh mein Augenlicht! Ich weiß, es ist sehr schwer für eine Hirtin, sich nach so vielen Jahren von ihrer Herde zu trennen. Du kennst die Kamele und sie kennen dich. Das Hirtenleben macht stolz und frei. Propheten waren Hirten! Aber jede Sache hat ihre Zeit. Ein Mädchen in deinem Alter ist reif zum Heiraten. Beim nächsten Vollmond wird unser Stamm dein Hochzeitsfest feiern."

Während die Mutter die Tochter zu beruhigen versuchte, wartete Zaid auf der Weide. Aber Laila kam nicht. Der Kamelhirte wurde unruhig und trat von einem Bein auf das andere. Er rannte auf den höchsten Hügel. Dort rollte er Felsbrocken und Steine auf einen Haufen. Er stieg auf diesen Haufen und hielt Ausschau. Zaid wartete und wartete, bis die Sonne im Herzen des Himmels stand, doch von seiner Geliebten war nichts zu sehen. Der Hirte sprach zu sich: „Ich hätte sie bei mir auf der Weide behalten oder mich mit ihr in einer Höhle verstecken müssen."
Zaid fühlte sich auf einmal allein und verlassen. Seine Sehnsucht quälte ihn. Seine Augen funkelten und ungestüm trat er gegen die Felsbrocken, die einer nach dem anderen den Hügel hinunterpolterten. Die Kamelherde lief erschreckt auseinander.

So verbrachte er den ersten Tag ohne Laila. Der Tag schien kein Ende zu nehmen. Mißmutig kehrte er am Abend mit der Herde ins Stammeslager zurück. Als seine Mutter ihm das Abendessen reichte, schob Zaid die Platte beiseite: „Ich habe keinen Hunger. Heute habe ich viel Kamelmilch getrunken."
Die Mutter nahm die Platte zurück und bemerkte: „Es gibt nichts schlimmeres als einen Kamelhirten mit der Laune eines brünstigen Kamels."

In dieser Nacht schlief Zaid nicht. Er warf sich hin und her und konnte den Morgen kaum erwarten. Schon vor Tagesanbruch wollte er mit seiner Herde losziehen. Seine Mutter war dabei, die Kamelstuten zu melken: „Zaid! Warum bist du so ungeduldig? Ich muß erst die Kamele melken. Du weißt, wenn das Gras noch feucht ist, bekommen die Kamele Durchfall."
„Beeile dich beim Melken! Wenn Milch in den Eutern bleibt, kannst du heute abend melken!" erwiderte der Hirte. Und mit einem Stock trieb er die Kamele an. Auf dem Weg zur Weide schossen ihm die Gedanken durch den Kopf. Vielleicht war Laila krank? Auf der Weide wartete er den ganzen Tag auf seine Geliebte. Er aß nicht und hatte keine Kraft, die Herde zu tränken. Gegen Abend führte er die Herde zum Stammeslager zurück.

Zaid hüllte sich in Schweigen, und wenn man ihn fragte, antwortete er mürrisch. In dieser Nacht stand er auf, fachte ein Feuer an und hockte sich an die Feuerstelle. Die Flammen züngelten und erhellten das Zelt. Die Eltern erwachten.
„Zainab, geh du zu ihm!" flüsterte der Vater. „Vielleicht kannst du das Geheimnis lüften? Mit mir will er nicht sprechen. Mütter haben einen besonderen Schlüssel zu den Söhnen!"
Die Mutter erhob sich, band ihren Kleidergürtel fest und trat zur Feuerstelle. Sie röstete Kaffeebohnen über dem Feuer. Dann bat sie Zaid, die gerösteten Bohnen im Mörser zu zerstampfen. Währenddessen warf sie Kameläpfel ins Feuer, setzte die Kaffeekanne auf und blickte ihn von der Seite an. Doch er reichte ihr den zerstoßenen Kaffee, ohne aufzublicken.
Während der Kaffee auf dem Feuer brodelte und der Duft des Kaffeegewürzes durch das Zelt zog, wandte sich die Mutter an ihren Sohn: „Ich bin deine Mutter. Du kannst mir vertrauen! Erzähle, was dich bedrückt!"
Zaid hob seinen Kopf und schaute sie bekümmert an. „Mein Problem ist groß, Mutter. Es hat sieben Türen. Jede Tür ist verriegelt."

„Man sagt, Mütter hätten einen besonderen Schlüssel zu ihren Söhnen. Vielleicht kann dieser Schlüssel hilfreich sein", erwiderte die Mutter und reichte ihm ein Schälchen Kaffee. In einem Zug trank er seinen Kaffee und gab der Mutter das Schälchen zurück.
„Schau mal in den Kaffeesatz!" bat Zaid. Die Mutter betrachtete den Kaffeesatz. Sorgenvoll strich sie sich das Kinn: „Stimmt, dein Problem ist groß, aber vielleicht gibt es dennoch eine Lösung. Erzähle mir, was dich bedrückt!"
Und Zaid erzählte die Geschichte mit Laila. Die Mutter hörte nachdenklich zu. Sie nahm einen großen Schluck Kaffee und dachte nach. Mit leiser Stimme sprach sie dann zu ihrem Sohn: „Mein Augapfel! Ich glaube, mein Schlüssel paßt nicht für dieses Schloß. Deine Tante ist eine erfahrene Frau, vielleicht hat sie den richtigen Schlüssel."

Am nächsten Morgen, als Zaid mit der Herde auf der Weide war, ging die Mutter zu der Tante.
„Ich wollte heute den Morgenkaffee bei dir trinken. Du bist im ganzen Stamm für die Kunst des Kaffeekochens bekannt. Unsere Herde ist auf der Weide, und ich habe etwas Zeit", sprach Zaids Mutter.
„Gäste habe ich immer gerne", erwiderte die Tante. „Und du weißt, daß du und deine Kinder in meinem Herzen einen besonderen Platz haben!"

Beide Frauen setzten sich auf den feingewobenen Teppich und tranken von dem reichlich gewürzten Kaffee.
„Ich hatte heute Nacht einen merkwürdigen Traum", sagte die Tante. „Ich sah eine Taube, die von einem Adler verfolgt wurde. Sie flüchtete in einen Tamariskenbaum. So rettete sie sich vor dem Adler, aber sie verfing sich in den Dornen des Baumes. Ich bin mit trockener Kehle aufgewacht."
Dieser Traum bedrückte die Mutter und vergrößerte ihre Sorge. Sie sammelte sich und sprach zu der Tante: „Allah möge deine Tage verlängern! Du hast von meinem Problem geträumt. Ich komme heute zu dir in einer heiklen Angelegen-

heit. Ich bin deine Schutzbefohlene. Zu unserem Stammesahn flehe ich, daß dein Zauberschlüssel passen möge!" Und sie erzählte die Geschichte von Zaid und Laila.
Die Tante, die der Geschichte aufmerksam gefolgt war, vertrieb mit einer Hand eine Fliege, die ihre Nase umschwirrte, mit der anderen Hand schenkte sie Kaffee nach. Dann holte sie tief Luft und sprach: „Kinder zu gebären ist leichter als sie groß zu ziehen. Zaid hätte uns von der Sache schon früher erzählen müssen. Jetzt ist die Taube in den Dornen des Gebüschs verfangen. Und die Lösung liegt im siebten Himmel."
„Du bist seine Tante. Du bist eine kluge und erfahrene Frau. Sogar die Stammesführer holen in schwierigen Fragen deinen Rat ein. Wenn du keinen Rat weißt, ist mein Sohn verloren."
„Ich brauche Zeit. Ich werde mir die Sache durch den Kopf gehen lassen. Morgen trinke ich den Kaffee bei dir", sprach die Tante und tat einen langen Zug aus ihrer Pfeife.
Die Mutter drückte der Tante die Hand und sagte: Allah möge dir Gesundheit schenken! Du bist die richtige Frau für die harte Stunde!" Sie verabschiedete sich und machte sich auf den Weg zu ihrem Zelt.

Am Abend kehrte Zaid früh mit seiner Herde ins Lager zurück. Die Zeit auf der Weide war ihm lang geworden und er war neugierig. Eilig lief er auf seine Mutter zu: „Was hat die Tante gesagt? Hat sie eine Lösung gefunden?" Die Mutter gab ihm die Worte der Tante wieder. Unmutig schüttelte er seinen Kopf und murmelte: „Die Tante! Was kann die Alte schon tun?"
„Du sollst nicht so über deine Tante reden! Sie ist eine kluge Frau. Erst muß die Sache in ihrem Kopf gären, dann gibt es etwas zu trinken."

Am nächsten Morgen blieb Zaid mit seiner Herde im Zeltlager und wartete auf die Tante. Mit langsamen Schritten, gestützt auf ihren Spazierstock, kam die Tante auf das Zelt zu. Zaid begrüßte sie ehrerbietig. Er rollte den besten Teppich aus und schleppte Matratzen und Kissen herbei.

„Das reicht, Zaid!" sagte die Tante und fuhr fort: „Mach' keine Umstände!"
„Du bist ein teurer Gast!" erwiderte Zaid. „Das Beste ist gerade gut genug für dich. Magst du eine Schale Kamelmilch? Ich habe sie eben frisch gemolken."
„Oh Zaid! Ich vertrage keine Milch am frühen Morgen, und bei heiklen Fragen trinke ich lieber Kaffee", erwiderte die Tante.
„Ich habe einen starken Kaffee für dich gebraut", sagte die Mutter und überreichte ihr ein Kaffeeschälchen.
„Der Kaffee richtet den Kopf auf!" Die Tante trank und nickte. Die Mutter goß nach. Nach dem dritten Schälchen machte die Alte ein Zeichen und stellte das Gefäß auf das Tablett zurück. Aus der Tasche ihres Kleides zog sie ihren Tabaksbeutel, stopfte genüßlich ihr Pfeifchen, und Zaid, der ungeduldig an ihren Lippen hing, reichte ihr ein glühendes Kamelmistbällchen.
„Hast du eine Lösung gefunden?" fragte Zaid. Die Alte nahm einen kräftigen Zug aus ihrer Pfeife. Dann hob sie den Kopf: „Die Lösung ist bei dir!"
„Was? Bei mir, sagst du? Wie denn?"
„Du sollst der Tante zuhören! Du bist wie derjenige, dem die Leute bei der Beerdigung seines Vaters helfen wollten und der mit der Hacke weglief!" schaltete sich die Mutter ein.
Die Tante ließ sich die Geschichte von Anfang bis Ende erzählen. Dann fragte sie: „Liebt sie dich, wie du sie liebst?"
„Ich schwöre es bei unserem Stammesahn!" erwiderte Zaid und erhob seine Hände, um diesen Schwur zu bekräftigen.
„Gut", sagte die Tante und fuhr fort: „Wir stehen jetzt unter Zeitdruck. Ich werde gleich auf meinem Esel zu Lailas Stamm reiten. Ich möchte mir die Sache aus der Nähe ansehen."

So befestigte die Alte ihre Satteltaschen auf dem Esel und machte sich auf den Weg. Aber an diesem Tag war die Hitze groß, und ihr Esel war alt und kam nur mühsam vorwärts.
Als sie endlich den Stamm von Laila erreichte, sah sie eine Ziegenhirtin, die mit ihrer Herde unter dem Schatten einer

Palme rastete. Die Tante ritt auf die Palme zu, und die Ziegenhirtin half der Alten beim Absteigen.
,,Kann ich bei dir hier rasten? Die Mittagshitze ist groß und ich bin alt. Mein Esel ist auch nicht mehr der Jüngste.'' Die Hirtin überreichte der Alten den Wassersack. Sie wusch sich das Gesicht. Dann legte sie sich in den Schatten. Das Mädchen bot ihr Fladenbrot und Ziegenkäse an.

Nachdem die Alte gespeist hatte, sprach sie zu der Hirtin: ,,Ziegen zur Weide führen ist besser als im Zelt zu hocken. Man hat viel Zeit zum Nachdenken. Auch ich habe in meiner Jugend die Herden zur Weide geführt.''
,,Das stimmt, aber heute wäre ich lieber im Stammeslager geblieben. Es gibt nämlich ein Hochzeitsfest. Die anderen Mädchen tanzen und singen und nur die Hirten sind draußen.''
Die Alte wurde hellhörig: ,,Heiraten ist gut für Mädchen. Ich war glücklich am Tag meiner Hochzeit mit meinem Vetter. Aber das ist lange her. Allah möge seiner Seele gnädig sein!''
,,Nicht alle Mädchen freuen sich auf die Hochzeitsnacht. Meine Mutter hat uns erzählt, daß die Männer in dieser Nacht aufgeregt sind. Laila, die Braut, ist traurig, obwohl sie ihren Vetter heiraten wird. Man weiß nicht, was das Mädchen hat'', erwiderte die Hirtin.
,,Wann ist die Hochzeitsnacht?'' fragte die Alte beiläufig und versuchte, ihre Absicht zu vertuschen.
,,In drei Tagen!''

Die Alte verabschiedete sich von der Hirtin und ritt auf ihrem Esel auf das Zeltlager zu. In der Nähe des Hochzeitszeltes stieg sie ab und band ihren Esel fest. Mit langsamen Schritten näherte sie sich dem Frauenzelt. Die Frauen empfingen die Alte.
,,Allah möge dem Paar viele Kinder schenken!'' sagte sie und setzte sich ins Zelt. Die Mutter des Bräutigams holte aus ihrem Sack eine Handvoll getrockneter Feigen und gab sie der Alten. Die Frauen hatten Mitleid mit der Alten, die offensichtlich einen weiten Weg hinter sich hatte.

Eine Frau fragte: „Aus welchem Stamm kommst du?"
„Ich bin eine fremde Frau. Mein Mann ist seit vielen Jahren tot. Ich gehöre zu keinem Stamm. Ich bin eine Zigeunerin. Ich verstehe etwas vom Heilen und ziehe von Stamm zu Stamm mit meinem Esel und helfe den Kranken. Ist jemand in eurem Stamm krank?"
„Wir haben keine Kranken", erwiderte eine Frau, und sie fuhr fort: „Aber meine Tochter hat schon drei Söhne verloren. Sie starben gleich nach der Geburt. Kannst du meiner Tochter helfen?"
Die Alte wiegte ihren Kopf hin und her: „Deine Tochter soll ein weißes Huhn schlachten und rupfen. Das Huhn soll sie an einer Wegkreuzung vergraben und die Federn an der Stelle, wo der erste Sohn zur Welt kam. Dann soll sie sieben Abende vor ihrem Zelt stehen bis sie sieben Sterne am Himmel zählt. Danach soll deine Tochter ein Feuer anzünden und drei Weihrauchstücke hineinwerfen. Dann soll sie ihren Kleidergürtel lösen und neunundneunzig mal den Stammesahn rufen. Allah möge ihre Kinder am Leben erhalten!"

Kaum hatte die Alte geendet, stand die Frau auf und drückte ihr einen Piaster in die Hand. Und Lailas Mutter flüsterte sie ins Ohr: „Höre, vielleicht weiß die Zigeunerin auch für deine Tochter Rat!"
Lailas Mutter wandte sich an die Alte und erhob ihre Hände: „Ich bin die Mutter der Braut. Meine Tochter ist seit ihrer Verlobung krank. Ihr Zustand verschlimmert sich, je näher die Hochzeitsnacht rückt. Seit Tagen weint sie. Wenn du meine Tochter heilst, bekommst du von mir die beste Goldmünze meiner Kette!"
Die Alte legte ihre Hand auf die Schulter der Mutter: „Mädchen und junge Männer sind vor der Hochzeitsnacht aufgeregt, das ist ganz normal. Das legt sich nach der Hochzeit. Du solltest dir darüber nicht den Kopf zerbrechen!"
„Es ist mehr als die übliche Aufregung. Vor der Verlobung war meine Tochter schön wie eine duftende Blüte. Jetzt ist sie traurig wie eine welke Blume. Die beste Münze bekommst du

für deine Hilfe!''
Die Alte wiegte ihren Kopf hin und her und kratzte sich an der Stirn: ,,Da ist guter Rat teuer!'' sagte sie nach geraumer Zeit. ,,Gold ist nicht wichtig. Allahs Hilfe ist wichtiger. Führe mich zu deiner Tochter! Ich verspreche dir, daß ich mein Bestes tun werde.''

Die Mutter geleitete die Alte zu ihrem Zelt. Als die Alte das Zelt betrat, sah sie Laila umringt von den Mädchen des Stammes.
,,Mädchen, kümmert euch um das Wasserholen! Wir haben viele Gäste. Die heilkundige Frau will Laila sehen. Vielleicht kann sie eurer Freundin helfen!'' sprach die Mutter, und die Mädchen verließen langsam das Zelt.
Mit scharfem Blick schaute die Alte Laila an. In ihren Augen las sie Traurigkeit und Furcht. ,,Oh, du schönstes aller Mädchen!'' wandte sie sich an Laila. ,,Ein Mädchen wie du sollte sich auf ihre Hochzeit mit ihrem Vetter, ihrem Beschützer, freuen! Steh auf, wasche dein Gesicht und höre auf zu weinen!''
Lailas Augen sprühten Funken: ,,Was für eine alte Hexe bist du denn? Daß er mein Vetter ist, weiß ich. Verschwinde und laß mich in Ruhe, oder ich breche dir den Schädel mit dieser Kaffeekanne!''
Als die Alte diese Drohung hörte, war sie überzeugt von Lailas Liebe zu Zaid. Die Alte holte tief Luft und richtete ihren Blick auf die Mutter: ,,Deine Tochter ist von einem Dämon besessen, von einem männlichen Dämon! Eine verfluchte Frau, die gerne deine Tochter für ihren Sohn haben wollte, hat für Laila ein Zauberamulett gemacht, damit sie ihren Vetter haßt. Allah möge die Tage dieser Frau verkürzen!''
Laila lauschte diesen Worten und zischelte: ,,Wenn es überhaupt einen Dämon gibt, dann sitzt er in deinem struppigen Haar, du Hexe!''
Die Mutter war sehr bedrückt. Ehrerbietig schlang sie ihren Schleier um den Hals der alten Frau: ,,Ich bin deine Schutzbefohlene! Ich flehe dich an, hilf mir! Setze dieses Zauberamu-

lett außer Kraft. Sie ist meine erste Tochter, die heiratet, und ich freue mich auf die Enkel. Du bekommst von mir, was du verlangst, nur befreie Laila von dem Zauber!"
„Allah möge durch mich dein Flehen erhören!" sprach die Alte mit ernster Stimme und fuhr fort: „Gib mir sieben Perlen aus deiner Kette! Jede Perle soll eine andere Farbe haben."
Die Mutter zerriß ihre Kette. Die Perlen rollten über den Teppich.
„Hier sind die Perlen."
Die Alte schloß ihre Augen, ließ die Perlen von einer Hand in die andere gleiten und murmelte. Währenddessen griff die Mutter nach der mittleren Zeltstange und rief den Stammesahn. Die Alte behielt eine Perle in der linken Hand und legte die übrigen sechs Perlen in zwei Reihen vor sich.
„Der Engel ist zu mir gekommen. Er erzählte mir von dem Zauberamulett. Eine Frau, die eine große Narbe auf dem Oberschenkel hat, hat diesen Zauber gemacht. Dieses Amulett wurde in einem Taubennest versteckt. Das Nest befindet sich in einer Schlucht, die von einer großen Schlange bewacht wird. Diese Schlange hat zwei große Hörner. Ich brauche für den Gegenzauber drei Haare von deiner Tochter. Und dann laß uns im Zelt allein!"

Die Mutter schnitt ein Büschel Haare von Lailas Zopf ab und gab es der Alten. Bevor sie das Zelt verließ, ermahnte sie ihre Tochter: „Du hast gehört, was die Zigeunerin sagt. Tu, was sie von dir verlangt! Sie will dir helfen." Und die Mutter huschte aus dem Zelt.
Die Alte winkte Laila mit einer Handbewegung zu sich: „Ich habe Nachricht für dich von Zaid, deinem Geliebten!"
Laila blickte die Alte ungläubig an. Diese wiederholte dieselben Worte und Laila sprang auf wie eine Gazelle.
„Wie geht es ihm? Denkt er an mich? Liebt er mich noch?" überschüttete Laila die Alte mit Fragen.
„Setz dich, meine Tochter! Ihm geht es nicht besser als dir. Wir dürfen jetzt keine Zeit verlieren. Höre genau zu, was ich

dir sage! Zaid kann nicht zu dir kommen. Du siehst, alle Reiter des Stammes sind da. Und die Mädchen umringen dich Tag und Nacht. Ab jetzt sollst du dich auf die Hochzeitsnacht freuen! Laß die Mädchen dich waschen und dir die Haare binden, wie es sich ziemt! In der Hochzeitsnacht, wenn der Bräutigam zu dir kommt und von dir verlangt, was der Bräutigam von der Braut verlangt, sprich zu ihm: „Oh, mein teurer Vetter! Ich bin deine Braut und wir haben ein langes Leben vor uns. Ich verlange von dir das Gastrecht! Und wenn er dich fragt: „Was willst du?" so antworte ihm: „Ich will meine drei Nächte!" Er kann dir das Gastrecht nicht verwehren! Am dritten Tag wird Zaid zu dir ins Brautzelt kommen. Dann bist du allein, und das Hochzeitsfest wird zu Ende sein. Hast du das verstanden? Oder soll ich es noch einmal wiederholen?"
„Verstanden!"
Laila schlang ihre Arme um den Hals der Alten und fing an, sie mit Küssen zu überhäufen. Die Alte lächelte: „So viele Küsse habe ich in meinem ganzen Leben noch nicht bekommen. Ich werde Zaid ein paar davon abgeben."

Währenddessen hörten sie die Mutter vor dem Zelt rufen: „Seid ihr soweit?"
„Ja, du kannst eintreten."
Die Mutter hob die Zeltöffnung und huschte ins Zelt. Sie war erstaunt. Lailas Gesicht strahlte, und sie saß friedlich neben der Alten und trank Kaffee.
„Hier sind die drei Haare und etwas Weihrauch. Nach dem Sonnenuntergang fache neben dem Brautzelt ein Feuer an, wirf sieben Weihrauchstückchen ins Feuer, und wenn der Duft des Rauchs verströmt, dann lasse ein Haar brennen! Das wiederhole dreimal! Schlachte jeden Tag ein Huhn für deine Tochter und koche eine kräftige Suppe! So wird sie in drei Tagen gesund sein."
„Hier sind mein Silberhalsband und meine Goldkette. Bitte, nimm, was du willst!"
„Eine Frau in meinem Alter soll wenig an Gold und Silber denken! Dein Gold und Silber hilft mir nicht am Tag der Ge-

rechtigkeit. Nur meine guten Taten zählen. Ich werde mich langsam auf den Weg machen. Vielleicht kann ich heute noch eine traurige Mutter wie dich glücklich machen!''
,,Bleibe bis zum Hochzeitsfest bei uns! Es sind nur noch wenige Tage. Du bist Gast in unserem Stamm.'' Doch die Alte dankte der Mutter für die Einladung mit schönen Worten, und mit der Beteuerung, sie wieder zu besuchen, verabschiedete sich die Alte und ritt von dannen.

Die Nachricht verbreitete sich wie ein Lauffeuer im Stamm. Die Braut ist geheilt! Eine alte Zigeunerin hat sie vom Dämon befreit. Die Mädchen eilten zu Laila, um sie für das Hochzeitsfest zu schmücken.
Während in Lailas Zelt ein reges Treiben herrschte, kehrte die Alte zu ihrem Stamm zurück. Als ihr Esel in der Dämmerung auftauchte, schoß Zaid wie ein Pfeil auf sie zu.
,,Wir haben uns Sorgen um dich gemacht'', rief er und half der Tante, vom Esel abzusteigen. ,,Was hast du zu berichten?''
,,Laila liebt dich! Sie ist ein kluges Mädchen. Es lohnt sich, daß man sich um ihretwillen in Gefahr begibt.'' Und sie erzählte von ihrer Begegnung mit Laila.
,,Höre!'' sagte sie zu Zaid, ,,was ich dir rate! Verschleiere dich, nimm das beste Rennkamel und reite zu Lailas Stamm! Dort wirst du von den Männern des Stammes empfangen werden. Messe dein Kamel mit den ihren! Am Abend tanze mit den Männern vor dem Hochzeitszelt und achte auf das Brautzelt. In der dritten Nacht erwartet Laila dich im Brautzelt. Allah möge euch beschützen! Und jetzt bin ich von der lange Reise müde. Ich sehne mich nach meiner alten Kaffeekanne.''
Sie griff nach ihrem Stock, und man hörte nur noch ihre schleifenden Schritte. Zaid und seine Mutter saßen um die Feuerstelle und berieten sich.
,,Das Kamel deines Vaters ist das schnellste Rennkamel in unserem Stamm'', sagte die Mutter. Mit einem Zeltpflock grub sie ein Loch neben der Feuerstelle und brachte einen

Beutel zum Vorschein.
„Nimm! Hier sind Goldmünzen. Du wirst sie brauchen auf der Reise."
Zaid versteckte die Münzen in seiner Gürteltasche und drückte ihr einen Kuß auf die Stirn.

Am nächsten Morgen befestigte er seinen Reitsattel auf dem Rennkamel, füllte seine Satteltaschen mit Datteln und band den Wassersack fest. Dann hängte er sich sein verziertes Schwert um die Schulter. Die Mutter trat zu ihm: „Sei wachsam, mein Augapfel! Allah möge deine Reise segnen!" Zaid verabschiedete sich von seiner Mutter und ritt fort.
Der Weg führte ihn durch das Weidegebiet, wo ihm Laila zum ersten Mal begegnet war. Er erinnerte sich an das kleine Zelt, in dessen Schatten sie beisammen gelegen hatten. Sein Herz schlug schneller. Er lockerte die Zügel und gab dem Kamel mit seinem Stock einen kräftigen Hieb. Und das Kamel rannte so schnell, daß sich Zaid nur mit Mühe festklammern konnte. Das Kamel rannte und rannte. Als Zaid Rauchwolken aufsteigen sah, zog er die Zügel und tätschelte sein Kamel: „Die Artischocken, die ich dir zugeschoben habe, waren nicht umsonst. Du bist schnell wie ein Pfeil. Ich kann mich auf dich verlassen."

Zaid verschleierte sich mit einem Zipfel seiner Kopfbedeckung und näherte sich langsam dem Stammeslager.
Die Kamelreiter empfingen den Gast und geleiteten ihn zum Hochzeitszelt. Und so verbrachte Zaid den Nachmittag mit den Kamelreitern. Am Abend tanzte er mit den Männern vor dem Hochzeitszelt.

Am nächsten Tag wurde ein Kamelrennen veranstaltet. Die Kamelreiter ritten zum nächsten Hügel. Sie stellten sich in einer Reihe auf und warteten auf das Zeichen des Stammesscheichs. Der Scheich schwenkte sein weißes Kopftuch, und die Reiter schossen los. Wenige Augenblicke später war Zaids Kamel den anderen um mehrere Nasenlängen voraus. Mit

dem rechten Fuß gab Zaid dem Kamel einen Tritt. Wie ein Pfeil schoß es auf das Hochzeitszelt zu und ließ die anderen Reiter weit hinter sich. „Brav, brav, mein Kamel!" flüsterte Zaid. „Wir haben das Rennen gewonnen."
Die Männer des Stammes umringten Zaid: „Edel ist dein Kamel! Zum ersten Mal hat ein fremdes Kamel dieses Rennen gewonnen."

So verbrachte Zaid die Tage mit den Männern des Stammes. Und die Kunde von dem verschleierten Reiter verbreitete sich im Zeltlager.
Bei Einbruch der Nacht wurde die Braut von Frauen und Mädchen unter lautem Singen und Trillern zum Brautzelt geleitet.
Das Brautzelt war mit feingewebten Teppichen, bunten Matratzen und bestickten Kissen geschmückt. Die Braut trug ein reichbesticktes, rotes Hochzeitskleid. Gold- und Silbergeschmeide schmückten ihren schlanken Hals. In ihre langen, schwarzen Zöpfe waren Perlen und weiße Muscheln eingeflochten. Ihre Hände waren bunt mit Henna bemalt und ihre Augen zierte das schwarze Kajal.
Die Braut setzte sich auf den buntgewebten Teppich. Die Mädchen tanzten vor der Braut. Weihrauchwolken erfüllten das Brautzelt. Nach geraumer Zeit zogen sich die Mädchen in das Hochzeitszelt zurück, denn sie vernahmen die Stimmen der Männer, die den Bräutigam zum Brautzelt begleiteten. Der Bräutigam trug ein seidenes Gewand. An seinem Gürtel hing ein mit Perlen verzierter Dolch. Seine Augen waren mit Kajal geschminkt. An den Fingern trug er goldene Ringe. Als der Bräutigam die Zeltöffnung erreichte, gab ihm einer seiner Freunde einen kräftigen Schubs: „Tritt ein!" und ein anderer feuerte aus seinem Gewehr drei Schüsse ab.
Der Bräutigam erblickte die Braut. In ihrem Hochzeitsschmuck war sie so schön wie der Mond in seiner vierzehnten Nacht. Er begrüßte die Braut und ließ sich neben ihr nieder. Er sprach mit ihr über das Hochzeitsfest, die Gäste und die vielen Geschenke aus den Nachbarstämmen. Die Braut

hörte ihm zu. Langsam streckte der Bräutigam der Braut seine Hand entgegen und nahm den Schleier: „Oh, meine teure Cousine! Ich bin glücklich, dich als Gattin zu haben. Unsere Vorfahren sagen: Heirate deine Cousine, auch wenn niemand sie heiraten will, und folge dem Weg, auch wenn er lang ist. Ich werde in der Not an deiner Seite stehen und deine Liebe in meinem Herzen tragen!"
Der Bräutigam hielt einen Augenblick inne, dann fuhr er fort:
„Und nun, laß uns den Weg unserer Vorfahren gehen!"
„Du bist mein Vetter und mein Beschützer. Allah möge uns viele Kinder schenken! Wir haben ein langes Leben vor uns. Ich werde in schweren Tagen zu dir stehen. Ich bin immer noch von diesem verfluchten Zauberamulett geschwächt. Bitte, gewähre mir das Gastrecht!"
„Ich gewähre dir deine drei Gastnächte", erwiderte der Bräutigam. Und so plauderten sie lange, bis der Schlaf sie überwältigte.

Am nächsten Morgen begab sich der Bräutigam zu den Männern. „Allah möge dir viele Nachkommen schenken!" beglückwünschten sie ihn. Die Frauen wiederum suchten Laila im Brautzelt auf und überbrachten ihr Geschenke. Eine Alte ließ ihre Blicke durch das Brautzelt schweifen.
„Du suchst das Tuch mit dem Jungfernblut", sagte die Braut.
„Mein Vetter hat mir das Gastrecht gewährt!"
Eine andere Frau schaltete sich ein: „Das Gastrecht ist gut für den Bräutigam und für die Braut. Diese alte Sitte besänftigt die Gemüter."

Am Hochzeitstag war ein Kommen und Gehen. Ein Dutzend Schafe wurde geschlachtet, Fladenbrote wurden auf Platten aufgetürmt. Man aß und trank, bis sich der Tag dem Ende zuneigte. Der Stammesscheich erhob sich und verkündete: „Der Bräutigam und die Braut haben sich vermählt, und wir haben das Hochzeitsfest unseres Bruders gefeiert. Seit langer Zeit sind wir an diesem Ort. Gras und Wasser gehen zur Neige. Unsere Kundschafter haben einen reicheren Lagerplatz entdeckt. Mit Allahs Willen brechen wir übermorgen auf."

Zaid lauschte diesen Worten und beschloß, am nächsten Tag den Zeltplatz zu verlassen, um für sein Kamel einen guten Weideplatz zu suchen.
Am späten Nachmittag kam der Bräutigam zu dem Brautzelt. „Der Stamm begibt sich auf Wanderschaft", erzählte der Bräutigam. „Übermorgen brechen wir auf!" Und er fuhr fort: „Es ist gut, wenn wir den Ort wechseln. Vielleicht kannst du dann dieses Zauberamulett vergessen." Und er streichelte ihren Haarzopf. „Unser Hochzeitsfest war das größte in unserem Stamm. Viele Gäste aus den Nachbarstämmen kamen zu uns. Wir haben reichlich Geschenke empfangen." Und so sprachen sie über viele Dinge bis spät in die Nacht.

Am nächsten Morgen ging der Bräutigam zu einem Freund, der zu seinen Ehren ein Schaf geschlachtet hatte. Die Braut empfing Besuch im Brautzelt. Ihre Mutter blieb den ganzen Nachmittag bei ihr. Laila war besorgt. Viele Gedanken schossen ihr durch den Kopf: „Das Gastrecht geht zu Ende. Mir bleibt nur diese Nacht. Was mache ich, wenn Zaid nicht kommt? Ich habe keine andere Ausrede. Vielleicht wird Zaid entdeckt, wenn er das Brautzelt sucht?"

Die Mutter verabschiedete sich von der Tochter, und die Tochter blieb allein im Zelt. Mit beiden Händen umklammerte sie die mittlere Zeltstange und richtete ihren Blick nach oben: „Allah, du Barmherziger! Ich bin deine Schutzbefohlene! Wenn du uns beistehst, werde ich an einem heiligen Brunnen ein Schaf schlachten!"
Sie schloß ihre Augen, dann fuhr sie fort: „Oh mein Stammesahn, du Helfer in der Not! Ich bin in großer Bedrängnis und suche heute deinen Schutz. Ich will ein weißes Kamel für dich schlachten. Sei wachsam diese Nacht!"
Dann zündete sie ein Feuer an und setzte sich neben die Feuerstelle. Allmählich wurde es dunkel. Ihr Herz schlug immer schneller. So wartete sie auf ihren Liebhaber.
Währenddessen unterhielt sich der Bräutigam mit den Männern im Scheichzelt. Sie sprachen über die Wanderschaft und

die neue Weide. Die Männer berieten sich und einigten sich darauf, in aller Frühe aufzubrechen.

Zaid fütterte diesen Nachmittag sein Kamel mit Artischockenherzen: „Friß, mein Kamel! Wir haben einen langen Weg vor uns!" Als es dunkel wurde, befestigte Zaid seinen Reitsattel auf dem Kamel, nahm seinen Dolch und ritt zurück zum Stammeslager. In der Nähe des Zeltlagers versteckte er sein Kamel. Dann zog er seinen Schleier über den Kopf und schlich sich an den Zelten vorbei. Sein Herz schlug schneller: „Was mache ich, wenn ich den Bräutigam bei ihr finde?" überlegte er bei sich. „Soll ich ihn töten? Dann wird es eine Blutrache geben!"

Einen Speerwurf vom Brautzelt entfernt legte sich Zaid auf den Boden. Es war kein Laut zu hören, er sah nur den Feuerschein. Einem Skorpion gleich kroch er zum Brautzelt. Plötzlich erlosch das Feuer. Zaid verstand das Zeichen. Als er das Zelt erreichte, schaute er durch ein Zeltloch und erblickte die Umrisse einer Gestalt.
„Laila, Laila!" flüsterte er.
„Zaid, mein Geliebter!" erwiderte sie.
Lautlos huschte er in das Brautzelt. Laila empfing ihn mit offenen Armen. Er drückte sie an sich, und sie bedeckte ihn mit Küssen. Nach einer Weile hob Laila ihren Kopf und schaute Zaid in die Augen. Sie sprachen miteinander durch ihre Blicke. Plötzlich erschrak Laila: „Wir haben keine Zeit zu verlieren!" flüsterte sie. „Bald kommt der Bräutigam! Wir müssen von hier verschwinden!"
„Folge mir", erwiderte Zaid. Wie ein Pfeil schoß er aus dem Zelt. Laila hatte Mühe, ihm zu folgen. Es war dunkel, und bevor Laila ihn warnen konnte, plumpste Zaid wie ein Stein in den alten Brunnen. Laila wurde schwarz vor Augen. Nur mühsam erreichte sie den Brunnen. „Zaid, Zaid!" flüsterte sie.
Laila hörte seine Stimme: „Laila, Laila! Ich bin heil! Rette mich!" „Hab Geduld, mein Geliebter", flüsterte sie und rann-

te zum Brautzelt zurück. Sie zitterte. Der Bräutigam konnte jeden Augenblick erscheinen. Vielleicht würden die Männer die Spuren entdecken? Hastig griff sie nach dem Zeltseil und huschte wie ein Schatten aus dem Brautzelt. Sie ließ das Seil in den Brunnen hinab.
„Zaid, hörst du mich? Binde dich fest! Ich werde dich hochziehen."

So band Zaid sich fest. Mit beiden Händen umklammerte Laila das Seil und begann zu ziehen. Sie zog und zog, doch Zaid war noch nicht zu sehen. Langsam ließen ihre Kräfte nach.
„Bist du noch weit, Zaid?"
„Nein, zieh, zieh! Bald haben wir es geschafft!" flüsterte er, und sie zog und zog.

Plötzlich wurde es laut im Männerzelt. Ihr Herz klopfte wild. Schweißperlen standen ihr auf der Stirn. Ihre Hände brannten wie Feuer. Noch fester umklammerte sie das Seil.
„Oh Stammesahn, gib mir Kraft!" stammelte sie.
„Zieh fester!" rief Zaid. „Bald erreiche ich den Brunnenrand!"
Laila hörte Zaids Stimme ganz nahe.
„Ich kann nicht mehr! Halte dich fest!"
Seine Hände erreichten die Brunnenöffnung. Hastig suchten sie in der Dunkelheit nach einem Halt. Laila spürte nur noch wie ihre Fessel umklammert wurde. Sie schwankte, das Seil entglitt ihren Händen, und beide fielen in den Brunnen.

„Welch ein Unglück!" stöhnte Laila. „Vorher warst nur du im Brunnen, jetzt hocken wir beide drin. Es gibt keine Rettung. Der Brunnen ist unser Grab!" Und sie brach in lautes Schluchzen aus.
Zaid drückte ihr Gesicht an seine Brust. „Still, still!" flüsterte er. „Ich habe immer noch meinen Dolch. Wer dich berührt, dem werde ich den Schädel vom Leib trennen. Wir müssen kühles Blut bewahren! Jeder Knoten hat seine Lösung."
„Aber unser Knoten ist fest gebunden, wie der Knoten der

Kamelladung!" schluchzte sie.
„Wir haben die Nacht noch vor uns. Vielleicht finden wir einen Weg", sagte Zaid.

Beide blickten nach oben. Durch die Brunnenöffnung betrachteten sie die Sterne am Himmel. Laila klammerte sich verzweifelt an Zaid: „Wir sind in einer Falle! Wir wissen nicht, was der Morgen uns bringen wird. Laß uns die letzte Nacht unter dem Dach der Sterne genießen." Und Laila schlang ihre Arme um seinen Hals. Sie spürte seine Wärme, aber auch wie schnell sein Herz schlug. Und er strich mit zärtlicher Hand über ihren bräutlich geschmückten Haarzopf.

Währenddessen war der Bräutigam auf dem Weg zum Brautzelt. Er betrat das Zelt und fand zu seinem Erstaunen niemanden vor. Er fing an, seine Braut zu suchen. Leise rief er: „Laila, wo bist du? Wo bist du, meine Cousine?"
Er verließ das Zelt und suchte die Umgebung des Zeltes ab.
„Wo versteckst du dich?"
Laila hörte die Stimme ihres Vetters. Sie schrak auf.
„Höre, mein Bräutigam ruft mich! Was für ein Mädchen bin ich? Was werden die Frauen im Stamm über mich reden? Sie verbringt die Hochzeitsnacht mit einem Fremdling! Mein armer Vetter! Allah möge dir Hiobs Geduld geben!"
„Was werden die Männer über mich reden?" erwiderte Zaid. „Ein Fremdling entführt die Braut in ihrer Hochzeitsnacht! Hat er nicht genug Mädchen in seinem Stamm? Und was wird meine Cousine sagen? Allah möge diese Schmach an ihr vorübergehen lassen!"

Als der Bräutigam die Braut nicht finden konnte, sagte er bei sich: „Was soll ich morgen meiner Mutter sagen, wenn sie mir das Wasser zum Waschen bringt? Was für ein Mann bin ich, der nicht weiß, wo seine Braut ist, seine Cousine! Aber ich habe noch die ganze Nacht vor mir. Vielleicht kann ich sie finden?" Er suchte Laila bei den Kamelen. Er durchsuchte die

Felsen und durchstreifte die Büsche, doch sie war nirgends zu finden.

So verbrachte der Bräutigam die Nacht. Bei Anbruch der Morgenröte bemerkte er, daß ein Zeltseil fehlte. Als er das Zelt umkreiste, wurde er auf Spuren aufmerksam. Er folgte den Spuren, die ihn zum Brunnen führten. Als er in die Tiefe blickte, gewahrte er seine Cousine mit einem Fremdling, dessen Haupt in ihrem Schoß ruhte. Das Blut kochte in seinen Adern. Zornentbrannt eilte er zum Zelt zurück, ergriff sein Schwert und stürzte zurück zum Brunnen. Doch im Sprung hielt er inne. Wie sollte er wieder aus dem Brunnen herauskommen? Wenn die Sache ruchbar würde, würde er zum Gespött der Leute.

So entschloß sich der Bräutigam, ein Fell zu holen, das er über die Schlafenden warf, bis er eine bessere Lösung gefunden hatte. Erschöpft kehrte er ins Brautzelt zurück und legte sich auf das Hochzeitslager. Die Gedanken raubtem ihm den Schlaf. Während er so kummervoll über seinem Schicksal brütete, hörte er die Stimme seiner Mutter: „Hier ist das Wasser!"
Er schrak aus seinen Gedanken auf. Die Worte seiner Mutter schnürten ihm die Kehle zu. Mit hängendem Kopf trat er vor das Zelt. Die Mutter schloß ihn in die Arme.
„Oh, mein Sohn! Gräme dich nicht! Viele Männer sind aufgeregt und versagen in der Hochzeitsnacht. Doch das legt sich in den kommenden Nächten."
Der Bräutigam blickte verlegen zur Seite. Er nahm seine Mutter bei der Hand und führte sie ins Zelt. Die Tränen rollten über die Wangen. Die Mutter packte ihn an der Öffnung seines Gewandes: „Bei Allah, was geht hier vor, mein Sohn? Wo ist die Braut?"
„Die Braut schläft im Brunnen mit einem Fremdling!" schluchzte der Bräutigam.
Die Augen der Mutter erstarrten. Sie warf ihr Kopftuch zu Boden und schlug sich aufs Gesicht. Dann fiel sie zu Boden

und blieb regungslos liegen. Der Bräutigam nahm den Wasserkrug und benetzte ihr Gesicht.
„Mutter, Mutter!" rief er verzweifelt. „Reicht mir nicht die Geschichte mit Laila?"
Nach einer Weile öffnete die Mutter die Augen. Zitternd setzte sie sich auf. Dann sprach sie: „Ich habe dich lange an diesem Busen genährt, länger als die Kamele ihre Kleinen nähren. Du bist heute ein Mann und ich bin stolz auf dich. Laila ist deine Cousine und du bist ihr Beschützer, aber auch ihr Rächer!" Und sie fuhr fort: „Diese alte Zigeunerin! Sie hat ihre Hand im Spiel! Seit ihrem Besuch änderte das Mädchen seinen Sinn. Diese alte Hexe! Allah möge sie vom Paradies fernhalten! Sie soll ewig in der Hölle schmoren! Mein Sohn, hab Vertrauen zu mir! Ich kümmere mich um die Angelegenheit. Sag zu niemandem ein Wort! Der Stamm begibt sich heute auf Wanderschaft. Laß uns das Brautzelt abbrechen!"

Langsam kam Bewegung in das Stammeslager. Hunde bellten. Man befestigte die Sättel auf den Kamelen, um sie mit den schwarzen Zelten zu beladen. Eine Zeltstange fiel auf das Bein eines Kindes, das laut zu weinen anfing. Jeder war mit dem Aufbruch beschäftigt. Auf diesen Lärm hin erwachten Zaid und Laila aus ihrem Schlaf: „Der Stamm bricht auf", flüsterte Laila. Sie bemerkten das Kamelfell.
„Ist das ein Wunder? Der Stammesahn will uns helfen!" rief Zaid. „Wenn der Stamm aufbricht, versuchen wir, aus dem Brunnen herauszukommen."
Laila heftete ihren Blick auf das Fell.
„Das Kamelfell lag im Brautzelt", sagte sie mit tonloser Stimme. „Wer hat es herabgeworfen? Bestimmt hat mein Vetter unsere Spuren entdeckt. Oh ich Unglückliche!" stöhnte sie. Und Laila stellte sich vor, wie ihr Cousin sie im Brunnen entdeckte, seine Lippen gegeneinanderpreßte und seinen strafenden Blick auf sie richtete. Sie verlor die Besinnung.
Währenddessen machte sich die Stammeskarawane auf die Wanderschaft. Das Kamel der Mutter war das letzte in der Karawane. Sie wandte sich an den Sklaven: „Kannst du mir

beim Aufladen des Zeltes helfen?"
„Ja!" erwiderte Mas'ud. Sie luden das Zelt auf das Kamel. Dann sprach sie zu ihm: „Kannst du mir einen Gefallen tun?"
„Was wünscht meine Herrin?"
„Mein Wunsch ist nur klein. Wenn du ihn mir erfüllst, bekommst du von mir ein neues Gewand. Gestern in der Nacht träumte mir, daß ein Amulett im alten Brunnen nahe dem Brautzelt versteckt liegt. Dieses Amulett bringt den Kindern meines Sohnes Krankheit."
Sie blickte den Sklaven an.
„Oh meine Herrin! Was soll ich tun?"
„Siehst du diese vertrockneten Büsche?"
Der Sklave nickte.
„Sammle sie und wirf sie in den Brunnen! Ist der Brunnen bis zum Rand gefüllt, so wirf ein brennendes Tuch hinein! Sobald die Flammen züngeln, entferne dich! Doch hüte dich davor zurückzublicken, sonst werden deine Kinder blind!"
„Ich werde tun, was du befiehlst", erwiderte Mas'ud. Und die Mutter zog das beladene Kamel und folgte der Karawane.
Der Sklave machte sich an die Arbeit. Er sammelte das trockene Reisig und warf es in den Brunnen. Das erste Büschel Reisig traf Zaid auf den Kopf. Er duckte sich und schlug der noch immer bewußtlosen Laila auf die Wangen.
„Komm zu dir!" flüsterte Zaid. Laila schlug die Augen auf.
„Wo bin ich?"
„Wir sind immer noch in diesem verdammten Brunnen", entgegnete Zaid, und er fuhr fort: „Und jetzt regnet es Büsche!"
Der zweite Wurf traf Laila. Die Stacheln der Büsche verfingen sich in ihren Haaren.
„Allah soll uns ein Seil schicken und nicht Büsche!" murmelte die Braut.
„Besser es regnet Büsche als es regnet Wasser", hielt Zaid dagegen. „Vielleicht hat Allah sich etwas dabei gedacht. Wenn es so weiter geht, können wir das Reisig stapeln und so den Brunnenrand erreichen."
Laila umarmte ihren Geliebten. „Das ist die Rettung", rief sie.

So nahmen sie einen Haufen nach dem anderen in Empfang und stapelten das Buschwerk. Langsam näherten sie sich dem Brunnenrand. Zaid hob Laila auf seine Schulter.
„Was siehst du?"
„Der Stamm ist aufgebrochen und ich sehe am Rand des Zeltplatzes den Sklaven Mas'ud, der mit einem Gebüschhaufen beschäftigt ist.
„Schnell, schnell, wirf mich hoch!"
Zaid packte sie an den Fersen und gab ihr einen Stoß. Laila klammerte sich am Brunnenrand fest und kletterte heraus. Dann warf sie Zaid ein Ende ihres Schleiers zu und zog ihn hoch. Auf allen vieren krochen sie zur nahegelegenen Schlucht und versteckten sich hinter den Felsen.
Sie sahen zu wie der Sklave weitere Büsche in den Brunnen warf.
„Was hat er vor?" fragte Zaid.
„Das werden wir bald erfahren", entgegnete Laila.

Als der Sklave sah, daß der Brunnen bis zum Rand gefüllt war, warf er das brennende Tuch hinein. Die trockenen Büsche fingen Feuer. Rauchwolken stiegen zum Himmel. Der Sklave wandte sich um und bestieg sein Kamel. Rasend vor Wut zog Zaid seinen Dolch.
„Verflucht sei dieser Sklave! Er wollte uns bei lebendigem Leib verbrennen."
Laila fiel ihm in die Arme: „Nein, laß ihn gehen! Das ist besser für uns. Der arme Sklave weiß nicht, was er tut. Allah strafe den, der ihn beauftragt hat!"

Zaid steckte seinen Dolch wieder in die Scheide. „Vielleicht hast du Recht", sagte er.
Sie blieben in ihrem Versteck, bis der Sklave hinter dem Horizont verschwunden war. Dann gingen sie zu Zaids Kamel.
„Oh mein braves Kamel! Um ein Haar hätten wir uns nie wiedergesehen."
Zaid holte aus den Satteltaschen Datteln, und sie fingen an zu essen.

Nachdem sie sich gestärkt hatten, bestiegen Laila und Zaid das Kamel.
„Wohin sollen wir jetzt reiten?" fragte sie.
„Die Erde ist groß. Wir werden einen Scheich finden, der uns unter seinen Schutz nimmt", erwiderte er.

Währenddessen holte der Sklave die Karawane ein. Triumphierend sprach er zu seiner Herrin: „Die Flammen schlugen höher als Zeltstangen. Dieses Zauberamulett ist verbrannt."
Die Mutter blickte ihren Sohn an: „Habe ich dir nicht gesagt, daß Mas'ud ein zuverlässiger Sklave ist? Ich werde ihm zur Belohnung ein weißes Gewand schenken."

Gegen Abend erreichte die Karawane eine Gegend, die ausreichend Weide bot. Der Scheich zog die Zügel seines Kamels und sprach: „An diesem Platz schlagen wir unsere Zelte auf. Hier gibt es genug Wasser und Weide für unsere Herden."
Es begann ein geschäftiges Treiben.
Nachdem die Zelte aufgeschlagen worden waren, versammelten sich die Männer im Scheichzelt. Ein alter Beduine sagte: „Hier gibt es viele Salzpflanzen für die Kamele. Unsere Herden werden gut gedeihen."

Während die Männer sich über den neuen Zeltplatz unterhielten, hörten sie plötzlich eine schrille Stimme: „Die Braut ist verschwunden! Hilfe! Hilfe!"
Die Männer stürzten aus dem Zelt. Die Mutter des Bräutigams kam wild fuchtelnd auf sie zu: „Die Braut ist wie vom Erdboden verschluckt!" rief sie.
Die Männer sattelten die Kamele, griffen zu ihren Schwertern und schwärmten in alle Himmelsrichtungen aus. Die Sonne war bereits hinter den Bergen verschwunden, und die Suche gestaltete sich schwierig. Gegen Mitternacht kehrten die Reiter unverrichteter Dinge ins Lager zurück. Im Scheichzelt berieten sie sich: „Wo könnte sie sein? Wir haben alle Höhlen und Schluchten durchsucht. Wir haben laut gerufen, aber geantwortet haben uns nur die Schakale und Wölfe der Wüste."

Auch die Mutter der Braut kam ins Männerzelt. Sie entblößte ihre Brust und bewarf sich mit Sand. Mit erstickter Stimme rief sie: „Meine Tochter, meine Tochter! Der Dämon ist wieder in sie gefahren. Wo ist die alte Zigeunerin? Sie kann meine Tochter finden!"
So verging die Nacht mit Jammern und Klagen. Am nächsten Morgen setzten die Reiter die Suche nach der Braut fort. Doch von Laila fehlte jede Spur. Nach drei Tagen stellte der Stamm die Suche ein. Der Bräutigam saß bleichgesichtig vor dem Zelt seiner Mutter und starrte auf die eingerollten Zeltbahnen seines Hochzeitszeltes.

Währenddessen ritten Zaid und Laila auf ihrem Kamel. Sie schliefen am Tage und ritten in der Nacht. Nach der elften Nacht, als bereits die Morgendämmerung anbrach, hörten sie Hundegebell. Zaid zog die Zügel fest. In der Ferne konnten sie Feuerschein erkennen. Er wandte sein Gesicht zu Laila: „Wir sind jetzt elf Nächte unterwegs und weit weg von unseren Stämmen. Wir haben keine Datteln mehr, und der Wasservorrat geht zur Neige."
„Das Kamel ist erschöpft und meine Knochen schmerzen. Vor Müdigkeit kann ich mich kaum mehr festhalten. Laß uns zu diesem Zeltlager reiten und den Scheich um Schutz bitten!" erwiderte Laila.

Als sie das Stammeslager erreicht hatten, wurden sie mit neugierigen Blicken empfangen. Zaid wurde im Scheichzelt empfangen, während Laila von den Frauen zum Harem begleitet wurde.
Sie wurden drei Tage lang bewirtet und beherbergt. Am vierten Tag rief der Scheich Zaid zu sich: „Oh, mein Sohn! Du bist in meinem Stamm willkommen! Du und deine Gefährtin habt drei Tage lang unsere Gastfreundschaft genossen, wie es unsere Sitten gebieten. Doch nun sage mir, wer du bist, woher du kommst und was dich zu uns führt!"
Und Zaid hub an: „Oh würdiger Scheich! Deine Gastfreundschaft ist groß und dein Herz ist warm. Allah möge dir deine

Güte lohnen am Tage der Gerechtigkeit! Ich und meine Geliebte sind deine Schutzbefohlenen." Und Zaid erzählte dem Scheich seine Geschichte mit Laila von Anfang bis zum Ende. Als er geendet hatte, klopfte der Scheich Zaid begütigend auf die Schulter: „Bei mir seid ihr sicher. Fürchtet euch nicht! Ihr werdet nicht darben. Meine rechte Schulter ist Wasser und die linke Brot."
Dann rief der Scheich die Männer zu sich und sprach: „Unsere Gäste wollen bei uns bleiben und suchen unseren Schutz." Und der Scheich erzählte den Männern die Geschichte der beiden Liebenden. Dann erhob er sich und sprach: „Zaid und seine Gefährtin stehen unter unserem Schutz. Wer sie mit Wasser schlägt, den schlagen wir mit Blut!" Die Männer des Stammes riefen laut:
„Zaid ist unser Bruder und Laila ist unsere Schwester."
„Und jetzt feiern wir das Hochzeitsfest", sagte der Scheich, und er befahl seinen Frauen, ein Brautzelt aufzuschlagen. Der Scheich schlachtete drei Kamele seiner Herde, und der Stamm feierte drei Tage lang.
Nach dem Hochzeitsfest sprach der Scheich zu Zaid: „Du hast nur ein Kamel und meine Herde ist groß. Hier, die sieben Kamele gehören dir, und wenn meine Stute ein Fohlen wirft, so wird es dein sein."

Die Jahre vergingen und Laila gebar fünf Söhne. Und Zaid wurde im Stamm gerühmt für seine Großzügigkeit und seinen Mut. Er war ein tapferer Krieger und half dem Scheich in der Not.
Eines Tages bekam der Stamm fremde Gäste. Drei Kamelreiter, ein alter Mann und zwei junge Männer waren ins Zeltlager gekommen und wurden im Scheichzelt empfangen. Die Männer versammelten sich, um die Gäste zu begrüßen. Der alte Mann erzählte schöne Geschichten. Die Kinder lauschten mit gespitzten Ohren und drängten sich immer näher an den Alten. Doch dieser richtete seinen Blick auf das jüngste Kind von Laila. Er rief das Kind zu sich und streichelte ihm mit der Hand über den Kopf.

Indessen trat Laila aus ihrem Zelt, um Kamelmist für das Feuer zu sammeln. Als sie die Kamele der Gäste erblickte, erschrak sie: sie erkannte das Kamelzeichen ihres Stammes. Sie stürzte in das Zelt zurück und ließ Zaid zu sich rufen. Mit verwirrter Stimme sagte sie: „Du, Zaid! Die Gäste sind aus meinem Stamm. Ich habe das Kamelzeichen gesehen!"
„Beruhige dich! Vielleicht haben sie die Kamele geraubt."
Doch dann sah er diesen alten Mann vor sich, wie er das jüngste Kind liebkost hatte, und er erzählte Laila davon.
„Ich muß wissen, wer er ist", sagte Laila und ging zum Scheichzelt. Vorsichtig lugte sie durch ein Zeltloch.
„Mein Vater! Das ist mein Vater", flüsterte sie.
Zaid trat ins Männerzelt und wandte sich an den Scheich: „Mein Kamel frißt seit Tagen nicht mehr. Kannst du mir sagen, was das Kamel hat?"
„Ich muß es mir ansehen", erwiderte der Scheich und folgte Zaid.

Neben dem Zelt erzählte Zaid dem Scheich von Lailas Entdeckung. Dieser drückte ihm die Hand und versicherte: „Hier bist du sicher, mein Sohn! Wir wollen abwarten, bis unsere Gäste gespeist haben. In der Ruhe liegt die Kraft. Jetzt laß uns zu unseren Gästen zurückkehren!"
Nach dem Mahl wandte sich der alte Mann an den Scheich: „Deine Gastfreundschaft ist groß. Wir sind Kundschafter auf der Suche nach Weide für unsere Herden. Seit Jahren hat es in unserem Stamm nicht mehr geregnet!"

Der Scheich kratzte sich an den Schläfen und sprach zu den Gästen: „Wir helfen in der Not. Es schmerzt mich zu hören, daß eure Herden halb verhungert sind. Mein Stamm ist nicht nur reich an Weide, er ist auch reich an Männern. Wir schützen die Schwachen, und wir teilen unsere Weiden mit denen, die in Not sind. Seid willkommen!"

Die Gäste waren hocherfreut und dankten dem Scheich. Eine Runde Kaffee wurde serviert. Der Scheich stopfte sich eine

Pfeife und wandte sich an die Gäste: „Zwischen uns und euch ist Brot und Salz. Wir haben Kaffee getrunken. Jetzt möchte ich euer Herz mit einer Geschichte erfreuen." Und der Scheich hub an, die Geschichte von zwei Liebenden zu erzählen, die bei einem Scheich Zuflucht gesucht hatten. Je länger der Scheich erzählte, desto gespannter wurden die Gäste. Als er die Geschichte beendet hatte, fing der alte Mann an zu weinen.

„Warum weinst du?" fragte der Scheich. „Die Geschichten sollen dem Gast die Zeit vertreiben und nicht ihn traurig machen!"

Der alte Mann wischte sich mit dem weiten Ärmel seines Gewandes die Tränen aus dem Gesicht.

„Bei Allah, deine Geschichte hat eine alte Wunde aufgerissen."

„Beruhige dich, Bruder!" sagte der Scheich. „Wir werden deine Wunden heilen." Er setzte sich vor den Alten und fuhr fort:

„Deine Tochter lebt."

Der Alte umschlang den Scheich.

„Wo ist meine Tochter?" stammelte er.

„Warte, mein Bruder", beruhigte ihn der Scheich und entfernte sich. Der Scheich fand Laila weinend in ihrem Zelt.

„Komm, meine Tochter, und begrüße deinen Vater!" Laila nahm ihre Kinder und folgte dem Scheich.

Als sie das Scheichzelt betraten, erkannte der Alte seine Tochter und stürzte auf sie zu.

„Oh, meine Tochter, wir haben dich bei den Toten gewähnt", rief er, und Tränen rollten über seinen langen Bart. Die Kinder umringten den Großvater wie die Küken eine Glucke.

Der Scheich trat zu ihnen: „Jetzte hast du nicht nur Weide gefunden, sondern auch deine verlorene Tochter. Und nun begrüße deinen Schwiegersohn!"

Zaid erhob sich und trat zu dem Alten. Der Scheich sprach: „Zaid ist ein Mann von edler Abstammung. Seine Abstammung ist der euren ebenbürtig. Er ist mutig und tapfer. Er hat

für seine Geliebte sein Leben aufs Spiel gesetzt. Allah hat ihnen es geschenkt, und wem Allah das Leben gibt, dem können wir das Leben nicht nehmen. Ich biete euch den Frieden an. Lehnt ihr unser Angebot jedoch ab, wird das Schwert zwischen uns stehen."
Der Alte erwiderte: „Was geschehen ist, ist geschehen! Wir sind dir zu großem Dank verpflichtet. Nicht das Schwert soll zwischen uns stehen, sondern die Kaffeekanne!"
„Du und dein Stamm sind willkommen", sagte der Scheich.

Und so verbrachten sie die Nacht mit Erzählen. Am nächsten Tag kehrten der Alte und seine Begleiter zurück zu ihrem Stamm. Die gute Nachricht verbreitete sich mit Windeseile. Es wurde gesungen und gefeiert. Und nach drei Tagen machte sich der Stamm auf den Weg zu dem Scheich. Sie wurden von den Stammesreitern empfangen und ins Zeltlager geleitet. Große Zelte wurden aufgeschlagen. Der Scheich schlachtete drei Kamele und bewirtete den Stamm.

Und so lebten Laila und Zaid mit ihren Kindern glücklich und zufrieden. Der Scheich entsandte Männer zu Zaids Stamm. Und mit Hilfe des Scheichs versöhnten sich beide Stämme. Und mit der Zeit schlossen sich die drei Stämme zu einem Verband zusammen.

Der Weihrauchhändler

Eines Tages beim Spielen rief mich mein Freund Ismail: „He, du! Der dein Onkel Weihrauchhändler war! Kannst du den Stein da oben treffen?"
Die Kinder lachten, als sie Ismail hörten, und mein Gesicht wurde rot. Als das Spiel zu Ende war, rannte ich zu meiner Mutter ins Zelt: „Meine Freunde veräppeln mich!"
„Was ist los?" fragte die Mutter.
„Warum war mein Onkel Weihrauchhändler?"
Meine Mutter hatte gerade den vollen Beutel mit Ziegenkäse in die große Schüssel geleert und begann, Kugeln zu formen. Sie hob ihren Kopf und sagte zu mir: „Das ist eine lange Geschichte, mein Augapfel! Ich bin jetzt beschäftigt. Du siehst doch, daß ich Käsebällchen mache, damit sie in der Frühlingssonne auf dem Zeltdach trocknen. Und nachher werde ich Fladenbrot backen. Aber ich verspreche dir: Heute Abend, vor dem Schlafengehen, erzähle ich dir die Geschichte." Sie legte ein Käsebällchen auf das Tablett und fuhr fort: „Kannst du mir einen Gefallen tun? Sammle ein bißchen Kamelmist für das Feuer. Aber getrockneten!"

Ich war sehr neugierig darauf, die Geschichte meines Onkels zu hören. Noch nie hatte es in unserem Stamm einen Weihrauchhändler gegeben. Ungeduldig erwartete ich den Abend. Meine Mutter hielt immer ihr Versprechen, vor allem, wenn es um Märchen und Geschichten ging. Und sie erzählte gerne. Es war ein lauer Frühlingstag. Auf allen Zeltdächern lagen große, runde Tabletts mit Käsekugeln zum Trocknen. So waren sie geschützt gegen Hunde und Hühner. Der weiße Ziegenkäse auf den schwarzen Zelten sah aus wie frischer Schnee auf den Berggipfeln. Der Duft der frischen Kräuter mischte sich mit dem des leckeren Ziegenkäses.

Ich lief zu den Kamelen und begab mich eilig auf die Suche nach getrockneten Kameläpfeln. Mit der einen Hand hielt ich mein Gewand fest und mit der anderen warf ich die getrock-

neten Kameläpfel hinein. Ich zog mein Gewand immer weiter hoch, um noch mehr Platz für die getrockneten Bällchen zu schaffen, bis ich mit nacktem Hintern dastand. Der Kamelmist in meinem hochgeschürzten Gewand sah aus wie der Bauch einer hochschwangeren Frau.
Als ich keine weiteren Kameläpfel in meinem Gewand mehr unterbringen konnte, ging ich langsam, einer Schildkröte gleich, auf das Zelt zu.

Meine Mutter sah mich kommen und war hoch erfreut über den Vorrat an Brennmaterial.
„Ich hätte dir diese Geschichte auch ohne diese Anstrengung erzählt!" sagte sie.
„Für so viel Kameläpfel verdienst du nicht nur eine, sondern zwei Geschichten", sprach sie, als die Bällchen aus meinem Gewand auf den Boden rollten.
„Nein!" sagte ich. „Ich will die Geschichte von meinem Onkel, dem Weihrauchhändler, hören."
„Heute Abend, heute Abend!" beschwichtigte sie mich.

Ich war gespannt auf die Geschichte. Ich beobachtete die mittägliche Sonne und wünschte mir, daß der Tag zu Ende ginge. Aber die Sonne ließ sich nicht beeinflussen; sie kroch langsam hinunter, und der Tag schien mir länger als sonst zu dauern.

Als die Sonne endlich Abschied nahm und die kühle Abendbrise über das Zeltlager strich, kehrten die Herden von den Weiden zurück. Die Zicklein sprangen übermütig über die Zeltseile und meckerten, bis jedes seine Mutter gefunden hatte und an den prallen Eutern saugte. Die Hühner kauerten sich in die Zeltwinkel und lockten ihre Küken. Es meckerte, krähte, bellte und scharrte. Dann wurde es ruhig im Zeltlager. Der Vollmond erhob sich hinter den Bergen stolz und schön wie ein Prinz in seiner Hochzeitsnacht.

Wir Kinder versammelten uns gewöhnlich im schimmernden

Mondlicht und spielten Verstecken. An diesem Abend ging ich nicht zum Spielen. Meine Spielfreunde wunderten sich, daß ich nicht erschien. Voller Sorge machten sie sich auf den Weg zu mir. Vor dem Zelt hockend hörte ich einen von ihnen rufen: „Ich habe ihn heute gesehen. Er war vollbeladen mit Kameläpfeln wie ein Esel. Sicher hat er das nicht umsonst getan! Ich kenne den Gauner. Bestimmt frißt er das knusprige Fladenbrot heimlich, damit wir ihm nichts davon wegnehmen!" „Oder", rief ein anderer, „vielleicht wird eine spannende Geschichte erzählt."

Meine Mutter fragte mich: „Gehst du nicht zum Versteckspielen mit deinen Freunden?"
„Nein, ich möchte die versprochene Geschichte hören. Spielen kann ich immer!"
Währenddessen tauchte die ganze Bande auf.
„Wir wollen ohne dich nicht spielen. Warum bist du nicht gekommen, was hat dich daran gehindert?" fragte Musa, mein bester Freund.
„Hat dich der Kamelmist fertig gemacht?" stichelte Ali.
„Nein, ich will die Geschichte von meinem Onkel hören!"
„Habe ich es euch nicht gesagt?" rief Musa.
„Dieser Haufen Kamelmist war nicht umsonst!" flüsterte Ali neidisch.
„Dürfen wir hierbleiben und die Geschichte hören?"
„Ja, seid aber ruhig!"
„Versprochen."
Wir saßen um die Feuerstelle, und die getrockneten Bällchen brannten. Die Glut schimmerte wie echtes Gold. Die Kameläpfel machen keine Funken wie Holz. Man kann sich ganz nahe an die Feuerstelle setzen. Wir umringten die Feuerstelle so dicht, wie eine durstige Kamelherde, die sich um die Brunnenöffnung drängt.
Meine Mutter sagte zu den Kindern: „Ich erzähle euch gerne die Geschichte. Aber versprecht mir, daß jeder von euch morgen sein Gewand mit Kameläpfeln gefüllt und zu seiner Mutter bringt."

„Ja, wir versprechen es dir!" riefen die Gauner.
Sie kochte auf den glühenden Kameläpfeln eine Kanne süßen Tee, den wir genußvoll schlürften. Dann fing sie an zu erzählen.

Es ist viele Jahre her. Unser Land war fruchtbar, und es hatte viel geregnet. Es gab reiche Weide für die großen Herden. Unsere Kamele, Schafe und Ziegen gediehen prächtig. Und auf den weiten Feldern wurden Getreide, Gemüse und Tabak angebaut. In jenem Jahr hatte es nicht nur geregnet, sondern sogar geschneit. Die schwarzen Zelte trugen schneeweiße Rücken. Manche Zelte brachen unter der schweren Last zusammen. Es war ein schwerer Winter für die Kamele. Am liebsten kauerten sie sich in die Zeltwinkel. Kaum wagte sich ein Kamel ein paar Schritte hinaus, so lag es flach auf dem Bauch und streckte alle viere von sich. Die Ziegen machten sich über die Kamele lustig. Sie konnten sich nämlich besser im Schnee bewegen. Sie sprangen hin und her, um die Kamele zu ärgern. Eine Ziege sagte zu der anderen: „Endlich gibt es einmal Schnee, um diesen arroganten Kamelen zu zeigen, daß sie mit ihren Plattfüßen hilflos sind."

Auch die Hühner trieben ihr Spiel mit den Kamelen. Sobald ein Kamel ausrutschte und flach auf dem Boden lag, sprangen sie über seinen Höcker und pickten es ins Ohr.
Wir nannten dieses Jahr das Schneejahr. Das Getreide gedieh prächtig. Die Felder standen so hoch, daß man ein Kamel darin verstecken konnte.

Als die Ähren reif waren und die Erntezeit vor der Tür stand, kamen viele Beduinen aus anderen Stämmen und sogar Fellachen aus den umliegenden Dörfern, um bei der Ernte mitzuhelfen. Wir waren sehr stolz auf unser Land und seine Fruchtbarkeit. Dein Großvater hatte viel Land, und seine Felder waren gut bestellt. Viele Beduinen und Fellachen halfen ihm bei der Ernte. Sie schlugen ihre Zelte neben den Feldern auf.

Von Zeit zu Zeit ging dein Onkel Salem zu den Feldern und schaute nach dem Rechten. Er war ein gut aussehender Mann, der seine Zeit eher mit Feiern zubrachte als mit Arbeiten. Großzügig wie er war, gab er den Erntehelfern mehr als den versprochenen Anteil. Er war das Gegenteil von deinem Großvater, der am liebsten den Vögeln Maulkörbe umgebunden hätte, damit sie keine Getreidekörner von seinen Feldern fraßen.

Eines Tages ging Salem zu den Feldern, um den Feldarbeitern ihren Anteil auszuhändigen. Damals zahlte man mit Heu und Korn. Sie waren glücklich über das Getreide und vergaßen darüber die Anstrengungen der Arbeit in der Sommerhitze. Bei der Verteilung erblickte dein Onkel eine Frau. Sie stand da wie eine Gazelle. Ihre schwarzen Augen waren so groß wie Kaffeeschälchen. Die langen schwarzen Haarzöpfe reichten bis zu dem Gürtel ihres Kleides. Ihre Schönheit verzauberte den Onkel, und er verliebte sich in sie. Der Getreidekorb entglitt seinen Händen und fiel zu Boden.
Seitdem ging dein Onkel jeden Tag zu den Feldern, um seine Augen an der Schönheit dieser Frau zu weiden. Manchmal verbrachte er ganze Tage auf den Feldern.

Eines Tages kam Salem zu mir und gab mir ein feines, seidenes Taschentuch aus al-Madjdal. Er bat mich, ich sollte Soraya, denn so hieß die Schöne, das Taschentuch unter vier Augen geben und ihr schöne Grüße von ihm ausrichten. Es ist üblich, daß man seine Schwester in Liebesgeheimnisse einweiht und sie um Vermittlung bittet. Ich steckte das feine Taschentuch in meinen Ausschnitt, damit niemand es sehen konnte.

Gegen Abend ging ich zu Sorayas Zelt. Ich rief sie zu mir heraus: „Soraya, ich habe für dich ein Geschenk!" Ich zog sie hinter das Zelt und überreichte ihr das seidene Tuch. Soraya entfaltete das Tuch und betrachtete es im Licht des Mondscheins.

„Es ist ein wunderschönes Tuch! Ist es von dir?"
„Es ist nicht von mir, es ist von meinem Bruder Salem", flüsterte ich.
Soraya versteckte das seidene Tuch in ihrem Ausschnitt. Aus ihrer Rocktasche zog sie ein kleines Messer, schnitt von ihrem langen, schwarzen Haarzopf ein Haarbüschel ab. „Das ist für Salem", sagte sie lächelnd und drückte mir das Haarbüschel in die Hand.

Ich kehrte zu unserem Zelt zurück und fand deinen Onkel ungeduldig vor dem Zelt auf und ab gehen. Er gab mir ein Zeichen, und ich folgte ihm hinter das Zelt.
„Soraya gab mir dieses Geschenk für dich", sagte ich und öffnete meine Hand. Salem strich über das seidene Haarbüschel. Er führte es zu seinen Lippen und versteckte es dann sorgsam in einer Tasche seines Gürtels. Dann fragte er mich:
„Ist das alles?"
„Ja, das ist alles!" erwiderte ich.

Seit dem Tag wurde die Beziehung zwischen Salem und mir vertrauter. Wir stritten nicht mehr so oft wie früher. So vergingen die Tage. Dein Onkel hockte die ganze Zeit auf den Feldern, um in Sorayas Nähe zu sein.
Dein Großvater war überglücklich, daß Salem sich endlich um die Felder kümmerte und nicht mehr schlief, bis die Sonne über der mittleren Zeltstange stand. Der Großvater wäre krank vor Ärger geworden, hätte er den wahren Grund geahnt!

Eines Tages bat mich Salem um einen weiteren Gefallen:
„Du, meine teure Maliha! Geh zu Soraya und sage ihr, daß sie morgen mit dir zum Brunnen kommen soll."
Als ich am Abend die Herde gemolken hatte, begab ich mich zu Sorayas Zelt, rief sie und überbrachte ihr die Botschaft. Ihr Gesicht strahlte: „Bis morgen, Maliha!"

Am nächsten Morgen ritten Soraya und ich zum Brunnen. Je-

de von uns hatte ihren Esel mit zwei Ziegenfellen beladen. Während wir Wasser aus dem Brunnen schöpften, vertrieben wir uns die Zeit mit Gesprächen.
Wir unterhielten uns über das Heiraten und über Männer.
Ich fragte sie über die Ehe, denn ich war noch nicht verheiratet und und meine Neugier war groß.
Soraya ihrerseits erkundigte sich nach meinem Bruder, und ich schilderte ihn von seiner besten Seite.
Auf meine Frage, ob alle Männer gleich seien, erwiderte sie: „Die Männer sind so unterschiedlich wie die Stammesgebiete. Manche Stammesgebiete bekommen viel Regen und in manchen herrscht die Dürre. Manche sind dornig, andere dafür glatt, wie nun mal der Boden ist. Wirklich, die Sache mit den Männern ist eine Glückssache! Eine Glückssache!"
Ich fragte Soraya, ob sie mit ihrem Mann glücklich sei.
„Ach ja, Maliha! Kluge und hübsche Frauen bekommen nicht gerade die besten Männer. Und ich gehöre zu diesen Frauen. Mein Mann ist nicht gerade ein Trottel, aber fast!'

Während wir so über Männer und Frauen plauderten, tauchte Salem auf. Er begrüßte uns und sagte: „Ich habe Durst. Kann ich etwas zu Trinken bekommen?"
Soraya war schneller als ich. Sie zog ihren Wassersack aus dem tiefen Brunnen und überreichte ihn deinem Onkel.
„Trink, Salem! Heute ist es sehr heiß!"
Salem nahm einen Schluck und erwiderte: „Ja, das stimmt! Wie gut, daß wir dieses Jahr genug Wasser im Brunnen haben."
Er wusch sich das Gesicht, dann wandte er sich an uns: „Kann ich euch beim Aufladen der vollen Ziegenfelle auf den Esel helfen?"
„Ja, aber gerne!" frohlockte Soraya.

So hob Salem das eine Ziegenfell hoch, Soraya das andere, und ich hielt den Esel fest. Beim Knotenbinden berührte seine Hand die ihre. Ich habe alles gesehen. Ich bin nicht blind. Das Knotenbinden dauerte länger als sonst. Dann hörte ich

Soraya sagen: „Ach, das Knotenbinden ist keine einfache Sache!"
Endlich waren die Ziegenfelle auf meinem Esel befestigt. Nun war der Esel von Soraya an der Reihe.
Ich sagte zu ihr: „Kann ich dich beim Bepacken deines Esels ablösen?"
„Nein, nein! Danke!" beeilte sich Soraya.
„Du, Maliha, bist noch jung, und vielleicht holst du dir beim Heben des vollen Ziegenfells einen Leistenbruch!"
Dieses Mal dauerte das Knotenbinden noch länger. Es war mehr als Knotenbinden, das kann ich euch versichern.

Mit der Zeit wurde der Brunnen zum Treffpunkt für Salem und Soraya. Und von da ab hatten wir Wasser in Hülle und Fülle! Immer wenn mein Bruder zu mir sagte: „Maliha, Wasser!" war klar, daß er seine Geliebte am Brunnen treffen und mit ihr Knotenbinden wollte.
Soraya hatte sich ganz meinem Rhythmus angepaßt. Jedes Mal, wenn ich meinen Esel mit den beiden Ziegenfellen belud und auf den Brunnen zuritt, tat sie das gleiche. Waren ihre Ziegenfelle noch voll, so schüttete sie das Wasser aus und kam nach.

Eines Tages, als ich mit dem beladenen Esel zurückkam, machte meine Großmutter die Bemerkung: „Wenn wir so oft Wasser holen, ist der Brunnen bald leer. Ich denke, Maliha hat noch andere Dinge zu tun als Wasser schleppen!"
Ich freute mich über die Worte der Großmutter, denn langsam war ich des vielen Wasserholens überdrüssig, und das Knotenbinden langweilte mich.

An einem Sommertag, als die Sonne hinter den Bergen unterging und die Wäsche auf den Zeltseilen im kühlen Wind flatterte, hörte ich Salem beim Knotenbinden flüstern: „Ich warte auf dich heute abend in der Schlucht."
Am nächsten Tag verlangte Salem nicht mehr nach Wasser. Ich fragte mich, ob er das Treffen am Brunnen vergessen hat-

te. Dann erinnerte ich mich an die Worte: „Heute abend in der Schlucht." Und ich begriff, daß der Treffpunkt zwischen den beiden Liebenden vom Brunnen in die Schlucht verlegt worden war. Mir war es recht, denn was hatte ich schon davon außer Wasser schleppen?

So verstrich die Zeit, und die Ernte war zu Ende. Die Erntehelfer kamen zu deinem Großvater. Sie dankten ihm, verabschiedeten sich und trafen Vorbereitungen für die Rückkehr zu ihren Stämmen. Unter den Männern war auch Sorayas Mann. Er war überglücklich, denn Salem hatte ihm mehr Getreide als den anderen Helfern gegeben. „Um die Rose mit Wasser zu erfrischen, muß man auch die Dornen mittrinken lassen", wie das Sprichwort sagt.

Am nächsten Morgen herrschte Aufbruchstimmung im Zeltlager. Ein geschäftiges Hin und Her, lautes Stimmengewirr, Zelte wurden abgebaut, Kamele wehrten sich gegen die schweren Lasten und wurden bockig. Hunde verfolgten bellend die flatternden Hühner.
Ich ging zu Soraya, um ihr beim Zeltabbauen zu helfen. Sie war unglücklich. Ich beschwichtigte sie: „Oh, Soraya, sei nicht traurig. Die nächste Getreideernte kommt bald! Und wir werden uns wiedersehen!"
Aber Soraya war an diesem Morgen schweigsam. Eine Wolke strich über ihr Gesicht. Fluchend warf sie die Sachen in den großen Sack. Ihr Mann war froh, daß ich zu Hilfe gekommen war.

Schnell war Sorayas Kamel beladen. Ich verabschiedete mich von ihr: „Bis zur nächsten Ernte, Soraya!"
„Bis zum nächsten Jahr, Maliha!"
„Allah möge euch heil in euer Stammesgebiet bringen", wünschte ich.
Und Soraya erwiderte: „Möge euer Stammesgebiet viel Regen bekommen!"
Als ich mich von Soraya verabschiedete, sah ich, daß Tränen

über ihre Wangen rollen. Ihr Mann versuchte, sie zu beschwichtigen: „Die nächste Ernte bringt dich zu deiner Freundin Maliha zurück. Schau mal, so viel Getreide haben wir noch nie bei einer Ernte bekommen! Unser Kamel beugt sich schon unter der schweren Last." Langsam setzte sich Sorayas schwerbeladenes Kamel in Bewegung, und seine Plattfüße ließen tiefe Spuren im Sand zurück. Ich blieb stehen, bis Sorayas Kamel am fernen Horizont verschwunden war.

Als ich zu unserem Zelt zurückkehrte, fand ich deinen Großvater und Salem allein.
„Warum ist dein Gesicht so bleich, mein Sohn? Du warst fleißig bei der Ernte. Wir hatten dieses Jahr die beste Ernte seit langem, und ich werde mit deinem Onkel über Aziza sprechen. Er hat sie uns versprochen!"
„Nein, ich will nicht heiraten", erwiderte Salem mit trauriger Stimme und fuhr fort: „Bloß nicht heiraten! Das fehlt mir noch! Ich bin jung, und Aziza ist noch ein Kind!"
Mein Vater dachte, durch Heiraten könnte er Salem glücklich machen.

Am Abend versuchte ich, Salem zu trösten: „Oh, mein lieber Bruder! Die nächste Ernte kommt bald. Die Zeit vergeht schnell. Sei nicht so bedrückt! Die Ernte bringt die Liebenden zusammen!"
Salem seufzte: „Du, meine treue Schwester! Die Ernte? Wann kommt die nächste Ernte?"
„Bald, bald!" ermunterte ich ihn.
„Wer kann mir versprechen, daß es im nächsten Jahr Regen gibt?" stöhnte er und winkte mit der Hand ab.
„Sei unbesorgt, Salem! In unserem Stamm hat es oft geregnet und du hast gesehen, in diesem Jahr hat es sogar geschneit. Hast du vergessen, wie dein Kamel auf dem Schnee ausrutschte?" Aber ich konnte ihm kein Lächeln entlocken, so sehr ich mich an jenem Abend auch bemühte.

So vergingen die Monate, und was Salem befürchtet hatte,

trat ein. Der Regen blieb aus. Die Sonne verbrannte die Felder, und der Wind kehrte das Gesicht der Erde und entblößte die Steinbrocken. Das Wasser in den Brunnen wurde knapp. Es gab keine Ernte. Und die Dürre trennte die Liebenden!
Abend für Abend saß Salem vor dem Zelt, beobachtete die Sterne und horchte auf jeden Windhauch. Doch der Himmel über der Wüste blieb sternenklar, nicht das leiseste Anzeichen für einen kommenden Regen ließ sich ausmachen.

Eines Tages kam Salem klagend zu mir: ,,Habe ich dir, Maliha, nicht gesagt, daß man sich auf das Wetter nicht verlassen kann? Es gibt kein Wiedersehen mit Soraya!''
,,Oh, mein Bruder! Sei nicht besorgt! Bestimmt bringt das nächste Jahr Regen!''
,,Was sagst du? Nächstes Jahr?'' Salem war ungehalten: ,,Das heißt, noch ein Jahr warten! Du bist gut, Maliha! Und wenn auch im nächsten Jahr die Ernte ausfällt? Glaubst du, ich kann noch ein zweites Jahr warten?''
,,Mein teurer Bruder! Sei unbesorgt und geduldig! Allah vergißt niemanden und nichts. Auch nicht das Wiedersehen der Liebenden!'' ,,Hör mal zu, Maliha! Wenn es im nächsten Jahr keinen Regen gibt, werde ich vor Sehnsucht nach Soraya sterben!''

Salems Aussehen änderte sich. Seine Wangen waren eingefallen, und sein Gesicht war so bleich, wie eine verdorrte Blume in der Sommerhitze. Ich überlegte mir hin und her, was ich für ihn tun könnte.
Eines Nachts ging ich zu den Mädchen ins Zeltlager: ,,Unsere Felder vertrocknen. Das erste Kamel ist verendet. Wir müssen etwas gegen die Dürre unternehmen. Laßt uns heute Nacht das Regenlied singen. Vielleicht hört uns die Regenmutter und spendet nächstes Jahr reichen Regen?''
,,Wir haben uns auch darüber Gedanken gemacht!'' sagten die Mädchen. In dieser Nacht schmückten wir uns und versammelten uns. In kleinen Grüppchen, verborgen unter großen, schwarzen Umhängen, zogen wir singend durch das Zeltlager:

Oh, du Regenmutter!
Spende uns Regen!
Hilf uns und mache das Feld
unseres Hirten naß!
Unser Hirte hat uns verlassen,
denn der Weideplatz
war ihm zu weit!

Wir gingen von Zelt zu Zelt. Nach alter Sitte besprühten uns die Zeltbewohner mit Wasser: „Oh, Ihr Regensuchenden! Euer Flehen soll viel Regen bringen!"
Salem hatte gar einen Scheffel mit Wasser gefüllt und bespritzte uns reichlich, bis unsere Gewänder naß waren.
Mein Bruder wollte, daß wir jede Nacht das Regenlied singen. Doch soviel wir auch sangen, der Regen blieb aus. Und Salem wurde krank. Ich kam zu ihm, um mich nach seinem Befinden zu erkundigen.

Er lag auf dem Teppich und starrte in die Ferne: „Wo ist die Regenmutter? Wo ist die Alte geblieben? Noch ein Jahr Trockenheit! Hat deine Regenmutter geschlafen, oder hat die Alte die Kälte in dem Schneejahr nicht überlebt? Ich sterbe vor Sehnsucht nach Soraya. Meine Sehnsucht ist größer als die der Erde nach Regen. Wo ist Soraya? Bitte hilf mir, Maliha, du Schöne!" Und er fing an zu schluchzen. Perlen von Tränen rollten über sein Gesicht.
Ich versuchte, ihn mit guten Worten zu trösten: „Ich habe mein Bestes getan. Ich kann nicht mehr als das Regenlied singen! Doch die Regenmutter erhörte unsere Lieder nicht."
„Erwähne bloß nicht die Regenmutter! Ich kann das Lied nicht mehr hören!" fauchte Salem mich an.

Ich wollte ihm wirklich helfen. Aber Regen konnte ich nicht vom Himmel herunterholen! Ich machte mir viele Gedanken über meinen Bruder. Denn ich war die einzige, die von seinem Kummer wußte. Er wurde immer magerer und nahm kaum noch Essen zu sich.

Ich konnte meine Tränen nicht mehr unterdrücken. Dann dachte ich mir, daß mein ältester Bruder Taleb helfen könnte. Bevor ich Salem davon erzählen konnte, überschüttete er mich mit Vorwürfen: „Du hast mich in die Sache reingeritten durch das viele Wasserholen!"

„Sei bloß ruhig, du Dummkopf! Hast du auf einmal alles vergessen, was ich für dich getan habe! Jetzt soll ich auch noch deine bitteren Vorwürfe ernten? Wenn du so mit mir umspringst, werde ich dir nicht von meiner Idee erzählen."

„Was sagst du? Du hast eine Idee?" Und Salem sprang auf, als hätte ihn ein Skorpion gestochen.

„Erzähl! Erzähl! Du meine Lieblingsschwester!"

„Jetzt bin ich wieder die Lieblingsschwester! Wasche dein Gesicht und gib mir einen Kuß auf die rechte Wange! Und dann erzähle ich dir von meiner Idee."

„Einen Kuß willst du?"

„Ja, einen Kuß! Einen von den vielen, die du Soraya gegeben hast! So dumm bin ich auch nicht! Ich gebe mir Mühe und zerbreche mir den Kopf, und Soraya bekommt die Küsse!"

Hastig wusch er sich das Gesicht und drückte mir einen Kuß auf die rechte Wange.

„Auf die linke Wange auch einen!" sagte ich, „damit ich beim Erzählen mein Gleichgewicht nicht verliere!"

„Jetzt setz dich und hör zu, was ich dir sagen werde! Gehe zu unserem ältesten Bruder Taleb, und erzähle ihm die ganze Geschichte von Anfang bis zu Ende! Erzähle ihm die ganze Wahrheit, und schildere deine Sehnsucht nach Soraya! Taleb ist ein kluger Mann und hat viel Erfahrung im Leben. Auch mit Frauen!"

„Ist das deine Idee? Ist das alles? Ausgerechnet Taleb mit seinem Schnurrbart, der so lang ist wie ein Ziegenschwanz? Auf den er so stolz ist!"

„Ich bitte dich, Bruder, nur Taleb kann dir helfen. Die Sache ist nicht einfach! Ich kann nichts mehr für dich tun. Begreifst du das endlich?" Und ich konnte meine Tränen nicht mehr unterdrücken.

Nach langem Hin und Her kam Salem zur Einsicht, und er versprach, seinen Bruder Taleb ins Vertrauen zu ziehen.
Am nächsten Abend zog Salem seinen ältesten Bruder zu sich und öffnete ihm sein Herz. Taleb, der seinen Bruder schon längere Zeit beobachtet hatte, sagte: „Also liebeskrank bist du! Ich hätte es mir ja denken können! Weißt du denn überhaupt, wo die Frau wohnt?"
„Wenn ich das wüßte!" antwortete Salem und fuchtelte mit den Händen.
„Ich weiß nur, daß ihr Zeltlager sehr groß ist. Mehr nicht."
„Aber große Stammeslager gibt es viele!" sagte Taleb. Und er fing an, über seinen Schnurrbart zu streichen und dessen Spitze zu zwirbeln.
„Du kannst nur mit diesem komischen Ziegenschwanz spielen", bemerkte Salem bitter, „helfen kannst du nicht!"
„So wagst du mit deinem ältesten Bruder zu sprechen?"
Salem wandte sein Gesicht ab.
Nach einer Weile hörte er Taleb sagen: „Ich muß mir die Sache erstmal durch den Kopf gehen lassen. Vielleicht finde ich einen Weg. Aber wirklich, dein Problem hat sieben Knoten."
Salem unterbrach ihn: „Daß mein Problem schwierig ist, das weiß ich selbst. Ich frage dich nach einer Lösung. Wann kannst du mir Bescheid sagen?"
„Ich brauche ein paar Tage zum Nachdenken!"
„Ein paar Tage?" sagte Salem, und mit klagender Stimme fuhr er fort: „Das ist mir zu lange!"
„Dann morgen!"

Salem rannte zu mir. Er flüsterte mir zu: „Du, er hat mir gesagt, daß er nach einer Lösung suchen will! Was meinst du?"
Ich nickte.
„Was macht Taleb jetzt?" fragte ich.
„Er ist sehr beschäftigt mit seinem Ziegenschwanz!"
„Du bist wirklich ein undankbarer Kerl! Ja, mach dich nur lustig ..."

In dieser Nacht warf Salem sich unruhig auf seiner Matratze

hin und her. Früh morgens, noch bevor die Mutter das Fladenbrot gebacken und den Tee bereitet hatte, schlich Salem zu seinem Bruder.
Mit einer Hand hob er die Decke hoch: ,,Taleb! Taleb! Steh auf! Es ist schon hell!''
Taleb rieb sich die Augen.
,,Hast du eine Lösung gefunden?'' flüsterte Salem ihm ins Ohr. Mit schlaftrunkener Stimme erwiderte Taleb: ,,Ja!'' Er gähnte: ,,Ich habe eine Lösung.'' Das Gesicht des kranken Salem strahlte. Taleb stand auf und wusch sich das Gesicht. Dann setzte er sich nieder und schaute den ungeduldigen Salem an: ,,Ich habe einen Weg gefunden. Aber dafür müßte ich meinen schönen Schnurrbart opfern!'' Salem schämte sich: ,,Ich mache mich auch nie mehr lustig über deinen Schnurrbart. Bitte!''

Taleb bat Salem um das Rasierzeug. Dann hielt Taleb den Spiegel fest und sah sich seinen Schnurrbart an, während Salem voller Ungeduld wartete, wann die ersten Haare auf den Boden fallen würden.
Taleb betrachtete den Schnurrbart von allen Seiten. Nach einer Weile legte er den Spiegel beiseite und sagte: ,,Nein, nein! Das ist zu viel verlangt! Wegen einer Frau rasiere ich meinen Schnurrbart nicht ab!''
Als Salem diese Worte hörte, wurde ihm schwarz vor Augen. Taleb schaute seinen kranken Bruder versonnen an: ,,Seit Jahren pflege ich diesen Schnurrbart, und es gibt viele Männer, die von einem langen Schnurrbart träumen. Was werden die Männer sagen, wenn ich den abrasiere?''
Während Taleb diese Bedenken äußerte, schaute Salem völlig verwirrt auf dessen Schnurrbart. Was hatte Talebs Schnurrbart mit der Sache zu tun?
Taleb, der die ernste Lage seines jüngeren Bruders erkannte, begann erneut abzuwägen: sollte er um Salems Willen seinen Schnurrbart opfern? Doch dann sagte er zu sich: ,,Meinen Schnurrbart kann ich immer wieder wachsen lassen, aber einen Bruder zu verlieren ...'' Schließlich entschied er sich. Er

hob den Spiegel hoch und begann, sich zu rasieren. Der kranke Salem schaute gebannt zu.

An diesem Morgen, als die Sonne über der Vorderseite des Zeltes stand, ging Taleb zu seinem Vater, um den Morgenkaffee zu trinken. Nachdem er den gewürzten Kaffee getrunken hatte, sprach er zu seinem Vater: „Oh Vater! Allah möge dir ein langes Leben schenken! Seit zwei Jahren hat es bei uns nicht geregnet, und es gibt keine Ernte. Ich und Salem hocken im Zelt."
Der Vater entgegnete: „Oh mein Sohn! Mach dir keine großen Gedanken! Ich habe noch ausreichende Vorräte, und neben der Feuerstelle ist Gold vergraben. Und das nächste Jahr, Inschallah, wird Regen bringen."
„Nein, Vater! So lange will ich nicht mehr untätig warten", erwiderte Taleb, „ich habe mich entschlossen, gemeinsam mit meinem Bruder Handel zu treiben."
„Handel?" fragte der Alte neugierig. „Kamelhandel?"
„Nein Vater! Weihrauchhandel!"
„Weihrauchhandel?" fragte mein Vater ungläubig und faßte sich an seinen langen Bart. „Dieser Handel ist nicht ehrenhaft, mein Sohn! Man hat mehr mit Frauen zu tun als mit Männern!" Und er fuhr fort: „Jetzt verstehe ich, warum du deinen Schnurrbart abrasiert hast. Damit du den Weibern gefällst, nicht wahr?"
Taleb bekam ein rotes Gesicht und legte die Hand auf seine nackte, bartlose Oberlippe. Dann sagte er: „Das ist mir gleichgültig. Handel ist Handel. Mit Kamelen oder mit Weihrauch!" und er verließ das Zelt.

Taleb ging zu seiner Mutter und fragte sie nach Gold für den Handel. Diese versuchte, ihn von seiner Idee abzubringen: „Mein Sohn! Konntest du dich nicht als Kamelhirte verdingen?"
Taleb erwiderte: „Frag mich nicht weiter! Siehst du nicht, wie krank dein jüngster Sohn ist?"
Die Mutter grub in einem Zeltwinkel und holte einen Beutel hervor: „Hier sind fünf Münzen."

Am darauffolgenden Morgen sagte Taleb zu Salem: „Spanne beide Satteltaschen auf unseren Esel! Wir reiten in den Ort Falludja, um Weihrauch zu kaufen."
Salem war erstaunt: „Und warum nehmen wir nicht das Kamel? Es ist schneller und kräftiger als der Esel."
„Folge meinen Worten", sagte Taleb wütend. „Wir sind Weihrauchhändler. Wir müssen von Zelt zu Zelt ziehen und den Frauen unsere Waren feilbieten. Die Satteltaschen sollen gut sichtbar sein. Ein Kamel ist dafür viel zu hoch. Wir können es nicht vor jedem Zelt hinknien und wieder aufstehen lassen! Welches Kamel würde das machen?"

Die beiden Brüder machten sich also auf den Weg nach Falludja. Sie kauften Weihrauch, Henna und Amber, bis die Satteltaschen des Esels voll waren und machten sich auf die Suche nach Soraya.

Unterwegs sagte Taleb zu seinem Bruder: „Ich kümmere mich um die Geschäfte, und du machst deine beiden Augen auf und hältst Ausschau nach Soraya. Die Frauen werden uns unverschleiert empfangen."

So zog Salem den Esel, und Taleb folgte ihm. Gleich im ersten Zeltlager verkauften sie die ganze Eselladung, denn das Opferfest war nahe, und Frauen und Mädchen brauchten viel Weihrauch und Henna für die Feiertage.
„An alles haben wir gedacht, nur nicht daran, daß die Geschäfte so gut laufen!" wunderte sich Taleb.
Sie kehrten nach Falludja zurück, um ihre Satteltaschen wieder zu füllen. „Hoffentlich reicht dieser Vorrat etwas länger!" bemerkte Salem.

So zogen Salem und Taleb von Zeltlager zu Zeltlager. Die Geschäfte florierten, doch die Suche blieb erfolglos. Sie entfernten sich immer weiter von ihrem Stamm.
Bei Einbruch der Dämmerung begaben sie sich gewöhnlich in das Gästezelt, um die Nacht zu verbringen. Dort wurden

die Händler empfangen. Man bot den Gästen Kaffee und Essen an. Am Abend saßen sie mit den Männern des Stammeslagers um das Feuer und lauschten den Erzählungen der Alten.

Eines Abends, als Salem und Taleb im Männerzelt eines fremden Stammes saßen, wandte sich ein alter Beduine an Taleb: „Ich glaube, ich kenne dich! Hast du nicht früher einen langen Schnurrbart getragen?"
Taleb erwiderte: „Du verwechselst mich bestimmt mit jemandem! Ich hatte nie im Leben einen Schnurrbart." Und Salem fügte hinzu: „Weder lang noch kurz!"
„Die Menschen sehen sich manchmal ähnlich!" warf ein anderer Beduine ein. „Aber Männer mit langen Schnurrbärten gibt es nicht viele. Ich habe mir immer gewünscht, einen langen Schnurrbart zu haben. Aber jetzt bin ich alt, und ich werde sterben, ohne daß mein Wunsch in Erfüllung geht."
Als Salem den Alten so reden hörte, wurde ihm klar, was der Schnurrbart für seinen Bruder bedeutet hatte.

So vergingen Woche um Woche auf der Suche nach Soraya. Eines Tages, um die Mittagszeit, sahen sie in der Ferne ein großes Zeltlager. Die schwarzen Zelte waren in langen Reihen aufgeschlagen. Aus der Ferne sahen die Zelte aus wie eine große Ziegenherde. Taleb warf einen Blick in die Satteltaschen und bemerkte: „Ich bin mir nicht sicher, ob der Weihrauch für das ganze Zeltlager ausreichen wird."
Die Hitze der Sonne war groß, und der Esel trottete mit langsamen Schritten über den heißen Sand. Am Berg mußte Taleb den Esel schieben.

Als sie das große Zeltlager erreicht hatten, waren alle Zelte geöffnet bis auf eines.
„Das fehlt uns noch", stöhnte Salem.
„Reicht uns die große Hitze nicht? Jetzt kommen wir hier an und das Zelt ist zu. Vielleicht ist gerade dieses das Zelt von Soraya? Wer weiß?" sprach Salem träumerisch.

Die Weihrauchhändler wurden von den Frauen empfangen. Jede Frau wollte die Händler als erste zu ihrem Zelt führen. Der erschöpfte Salem hielt die Zügel des Esels und stand wie angewurzelt. Taleb sprach: „Frauen! Wir haben große Mengen des besten Weihrauchs! Wir werden der Reihe nach von Zelt zu Zelt gehen. Sucht nach euren Piastern!"

Langsam näherten sie sich dem verschlossenen Zelt in der Hoffnung, die Frau würde die Händler empfangen.
„Sesam, öffne dich!" murmelte Salem, doch das Zelt blieb zu.
Taleb flüsterte Salem zu: „Rufe laut: Weihrauch! Vielleicht hört die Frau deine Stimme?"
Und der ermüdete Salem rief: „Weihrauch! Weihrauch!"
Die Frau im Zelt hörte die Stimme des Weihrauchhändlers.
„Merkwürdig, die Stimme dieses Weihrauchhändlers kommt mir bekannt vor", sagte die Frau zu sich. Und schnell wusch sie sich, zog das feinbestickte Kleid an, legte ihren Schleier um und öffnete das Zelt.

Sie rief der Nachbarin zu: „Du, Zeynab! Wenn du mit dem Weihrauchhändler fertig bist, schicke ihn zu mir. Ich brauche auch etwas!"
Als die Frau genug Weihrauch eingehandelt hatte, schickte sie die Weihrauchhändler zu der Nachbarin.

Salem und Taleb kehrten mit dem Esel um und näherten sich dem Zelt. Vor ihnen stand eine verschleierte Frau.
Da fluchte Salem ungeduldig: „Vorher war das Zelt zu, und jetzt ist die Frau verschleiert! Das ist ein unglücklicher Tag! Wir kehren zu unserem Stamm zurück."
Taleb beschwichtigte ihn: „Sei geduldig, mein Bruder!"
Soraya, denn niemand anders war die verschleierte Frau, konnte nicht glauben, was ihre Augen sahen. Auf den ersten Blick hatte sie den Weihrauchhändler erkannt. Sie kaufte Weihrauch, dann fragte sie spielerisch: „Aus welchem Stamm kommt ihr?"
„Aus dieser weiten und breiten Erde Allahs!" erwiderte Taleb ausweichend.

Sie blickte den erschöpften Salem an und wandte sich an ihn mit den Versen:

Wer kann dem verirrten Freund,
der im Stammesgebiet fremd ist,
den Weg zeigen?
Seine Sehnsucht nach mir ist groß,
so groß wie die Getreidefelder von
Abu-Djabers Stamm.
Drei Reiter tauchten am Horizont auf,
unter ihnen Salem Ibn Dyiab
und Salman, der Reiter von Gazaleh!

Kaum hatte sie das Gedicht beendet, huschte sie in das Zelt zurück.
„Das ist Soraya!" rief Salem.
„Sei ruhig!" fauchte Taleb. Und er flüsterte ihm ins Ohr: „Das habe ich schon vor den Versen gemerkt. Hast du je eine verschleierte Frau zu den Weihrauchhändlern kommen sehen?" Salem stand fest wie ein Zeltpflock. Aber Taleb packte seinen Bruder am Arm und zog ihn samt dem Esel zum nächsten Zelt.
„Mein Bruder!" flüsterte er, „merke dir das Zelt von Soraya. Du darfst es nicht aus den Augen verlieren. Du siehst, wie groß das Zeltlager ist. Denn heute Nacht mußt du das Zelt in der Dunkelheit finden! Soraya erwartet dich. Hast du verstanden?"
„Ja, ich habe verstanden!"

So verkauften Salem und sein Bruder Weihrauch. Und vor dem Sonnenuntergang verließen sie das große Stammeslager. Sie zogen mit ihrem Esel zu einem benachbarten Stamm. Salem war überglücklich und vergaß die Müdigkeit.
Unterwegs sagte Taleb: „Ich reite zu dem Gästezelt, um dort zu übernachten. Und du, suche das Zelt von Soraya, wenn es ganz dunkel ist! Aber sei wachsam und vorsichtig! Hier, fülle diesen Beutel mit Weihrauch für deine Geliebte! Ihr werdet

das heute Nacht bestimmt brauchen. Und hier ist mein Dolch. Morgen treffen wir uns hier."
Taleb verabschiedete sich von seinem Bruder und ritt davon.

Salem ging zu dem Brunnen. Dort wusch er sich, dann rieb er sich mit einer duftenden Salbe ein und zog ein frisches Gewand an.
Er wartete bis die Dunkelheit einbrach. Dann verschleierte er sich und schlich sich durch die Zeltreihen des Stammeslagers, bis er sich Sorayas Zelt näherte.
Als er das Zelt erreichte, stieg ihm der Duft des Weihrauchs in die Nase. Soraya hatte den ganzen Nachmittag damit zugebracht, sich schön zu machen. Ihre schwarzen Haarzöpfe waren mit Perlen und duftenden Nelken verziert. Ihre großen, schwarzen Augen waren mit Kajal geschminkt, und sie trug das buntbestickte Kleid.
Sie hatte bereits ein Lager mit weichen Matratzen bereitet. Als Salem durch ein Zeltloch hineinschaute, sah er seine Geliebte neben der Feuerstelle auf ihn warten wie die Braut auf ihren Bräutigam.

Salem huschte ins Zelt, und Soraya empfing ihn mit offenen Armen. Sie drückten einander an die Brust und streichelten einander. Nach geraumer Zeit sprach Soraya: „Deine Beine sind von der langen Reise müde. Laß uns auf dem Lager ausruhen!" Und so verbrachte dein Onkel die Nacht mit seiner Geliebten, umfangen vom Duft des Weihrauchs, unter Küssen und Kosen. Die Liebenden genossen die Nacht des Wiedersehens nach so langer Trennung.

Vor Anbruch der Morgenröte verabschiedete Salem sich von Soraya. Sie flüsterte ihm ins Ohr: „Mein Mann treibt jetzt Kamelhandel. Er ist oft unterwegs!"
Und Salem machte sich auf den Weg zu seinem Bruder.
Sie trafen einander an der vereinbarten Stelle. Dein Onkel strahlte und umarmte seinen Bruder. Taleb beglückwünschte Salem und dieser küßte seinen ältesten Bruder.

Dann strich Salem dem Esel über den Kopf: „Du bist der beste Esel auf der Welt. Ab heute werde ich dich mit Weizen füttern!"

Auf dem Rückweg zu ihrem Stamm sprach Taleb: „Jetzt kennst du das Zelt von Soraya, und im Weihrauchhandel bist du auch nicht schlecht. Du kannst weiter Weihrauchhandel treiben. Aber mein Herz schlägt für das edelste der Tiere, für das Kamel. Ich kaufe und verkaufe von nun an nur noch Kamele. Und meinen Schnurrbart werde ich nie wieder rasieren!"

So wurde dein Onkel Salem ein berühmter Weihrauchhändler. Immer, wenn er Sehnsucht nach Soraya hatte, kaufte er Weihrauch, lud die Satteltaschen seines Esels und machte sich auf den Weg zu Sorayas Zeltlager!

Das war die Geschichte von deinem Onkel, dem Weihrauchhändler. Und ihr, meine kleinen Löwen, vergeßt nicht, für eure Mütter Kameläpfel zu sammeln.

Epilog

Der Orient ist nicht nur der Geburtsort dreier Weltreligionen — Judentum, Christentum und Islam — er ist auch die Wiege des Erzählens. Die Kunst des Märchenerzählens entfaltete sich in diesem Teil der Erde zu beispielloser Blüte.
Seit Alters her ist das Erzählen im Orient nicht nur ein geselliger Zeitvertreib, der der Phantasie freien Raum läßt, es ist auch als eine Ausdrucksform der Alltagswelt ein konstitutiver Bestandteil der orientalischen Lebensweise. Die Erzähler auf den Bazaren und in den Kaffeehäusern vermitteln ihren Zuhörern auf märchenhafte Weise ein Stück gesellschaftlicher Realität.

Bereits lange vor Entstehung des Islam im siebten Jahrhundert stand die Dichtung bei den Beduinenstämmen der arabischen Halbinsel in hoher Blüte. Bis heute zeugen die beduinischen Dialekte von ihrem unmittelbaren Bezug zur klassischen Hochsprache. Dichtung war Gemeingut, dessen sich jeder bedienen konnte. Sieben Gedichte, die zu den Juwelen der arabischen Dichtung gehören, zieren in goldenen Lettern das Heiligtum der Qa'ba in Mekka. Dichter der verschiedenen Stämme trafen sich auf dem Markt von 'uqaz zu Dichterwettstreiten. Jeder rühmte in seiner Qasideh (Gedicht) die edle Abstammung, die Heldentaten, die Großzügigkeit seines Stammes und verteidigte seine Stammesbrüder gegen Angriffe von anderen Dichtern. Nicht zuletzt war es diese Tradition des dichterischen Wettstreits, die zur Präzision der Sprache und zur Verfeinerung des Ausdrucks beitrug.

Nicht nur die hohe Kunst des Dichtens, auch die Kunst des Erzählens spielt im Leben der Beduinen bis in die Gegenwart hinein eine bedeutende Rolle. In den langen Nächten werden an der Feuerstelle des Zeltlagers in geselliger Runde Geschichten und Märchen erzählt. Sie dienen nicht allein der Unterhaltung, sie sind auch ein wichtiges Medium der Sozialisation und Erziehung: „Die Alten sind Brunnen, aus denen die Jungen schöpfen." In den Erzählungen werden kulturelle Werte und gesellschaftliche Normen gleichermaßen vermittelt. Sie tradieren die Geschichte des Stammes und sind so ein Bindeglied zwischen den Generationen. Die orale Erzähltradition ist eines der wesentlichsten Elemente der kulturellen Kontinuität in Stammesgesellschaften.

Einer der wichtigen Orte des Erzählens ist das Scheichzelt. Dort treffen sich die Stammesmitglieder, Gäste werden empfangen und bewirtet, und der Kadi spricht Recht. Dicht geschart um die Feuerstelle schlürfen die Männer genüßlich den gewürzten Kaffee und lauschen den Erzählungen der Alten. Gast wie Gastgeber tauschen Neuigkeiten aus und geben ihre Geschichten zum Besten. Das Scheichzelt ist auch ein Ort des symbolischen Tauschs.

Die Kunst des Erzählens ist nicht nur Sache der Männer. Auch die Frauen versammeln sich nach getaner Arbeit in geselliger Runde und lauschen den Erzählungen der alten Frauen. Anlässe zu Erzählen gibt es unzählige: Eine Mutter verspricht ihrem Kind zur Belohnung ein Märchen, eine junge Frau kleidet ihren Kummer in eine Geschichte, oder man will sich nach langer Wanderschaft ganz einfach entspannen. Die Kinder lauschen überall, wo erzählt wird, sei es bei den Männern oder bei den Frauen. Eine klare Trennung von Erzählungen für Kinder und Erwachsene gibt es nicht.

Der Märchen- und Geschichtenerzähler schöpft seine Bilder aus der Alltagswelt seiner Zuhörer. Er beschreibt die sternklare Nacht der Wüste, die Silberstrahlen des Vollmonds oder das gleißende Licht der Sonne. Er schildert die Sehnsucht der Erde nach Regen in der Dürre und läßt seine Zuhörer die kühle Abendbrise spüren, die über die Frühlingsweide streicht.
In der beduinischen Bilderwelt spielen die Tiere eine große Rolle. Will der Erzähler die Schönheit und Anmut einer Frau schildern, so vergleicht er sie mit einer Gazelle. Das Kamel, das neben der Palme die Wüste für den Beduinen bewohnbar macht, ist ein schier unerschöpfliches Thema. Das Schiff der Wüste ist Nutz-, Reit- und Lasttier zugleich. Bescheinigt der Erzähler seiner Figur die Geduld und Ausdauer eines Kamels, so zollt er ihm höchstes Lob.

Die beduinische Kunst des Erzählens als ein Strang der orientalischen Erzähltradition vermittelt ein buntes, facettenreiches und lebendiges Bild beduinischer Kultur und Lebensweise.

S. Alafenisch

José F. A. Oliver
Auf-Bruch

Weil jeder Deutsche ein Türke ist
weiß ich wie unwichtig es ist
ein Spanier zu sein

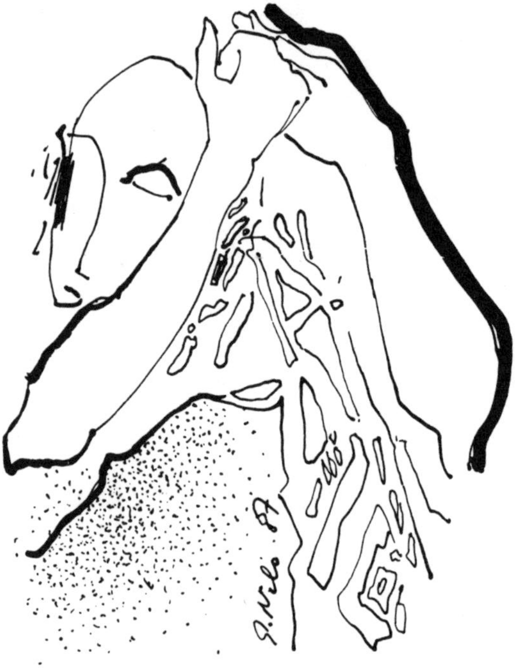

„Der andalusisch-alemanische Lyriker José F.A. Oliver wurde 1961 als erstes Kind spanischer Gastarbeiter im Schwarzwald geboren. Das Zusammenwirken der verschiedenen Kulturen hat seine Kunst inhaltlich und formal beeinflußt. Die Themen seiner Dichtung entspringen sowohl der zwiespältigen Liebe zu der Ursprungsheimat als auch der Utopie des Zusammenlebens der unterschiedlichen Kulturen miteinander. Seine Inhalte sind durch die Vielfalt an Formen, Rhythmen und Melodien zu einer erstrangigen Lyrik geworden." (Rafi Schami)

96 S. Kart. 19,80 DM
Illustrationen Giorgio Nilo
Kassette netto 12,– DM

Verlag
Das Arabische Buch